北大版海外汉语教材

EASY EXPRESS CHINESE

中文快易通

2

刘美如　　吕丽娜　　田小玲　　编著
Meiru LIU　　Lina LU　　Xiaoling TIAN

北京大学出版社
PEKING UNIVERSITY PRESS

图书在版编目(CIP)数据

EEC 中文快易通.2 / 刘美如,吕丽娜,田小玲编著. —北京:北京大学出版社,2009.1
(北大版海外汉语教材)

ISBN 978-7-301-14780-1

Ⅰ.E… Ⅱ.①刘… ②吕… ③田… Ⅲ.汉语–对外汉语教学–教材 Ⅳ.H195.4

中国版本图书馆 CIP 数据核字(2008)第 195474 号

书　　　名:	EEC 中文快易通 2
著作责任者:	刘美如　吕丽娜　田小玲　编著
责 任 编 辑:	孙　娴
标 准 书 号:	ISBN 978-7-301-14780-1/H·2184
出 版 发 行:	北京大学出版社
地　　　址:	北京市海淀区成府路 205 号　100871
网　　　址:	http://www.pup.cn
电　　　话:	邮购部 62752015　发行部 62750672　编辑部 62753334　出版部 62754962
电 子 邮 箱:	zpup@pup.pku.edu.cn
印 刷 者:	北京大学印刷厂
经 销 者:	新华书店
	889 毫米×1194 毫米　大 16 开本　9.25 印张　230 千字
	2009 年 1 月第 1 版　2009 年 1 月第 1 次印刷
定　　　价:	38.00 元 (含 MP3 盘一张)

未经许可,不得以任何方式复制或抄袭本书之部分或全部内容。
版权所有,侵权必究　举报电话:010-62752024
电子邮箱:fd@pup.pku.edu.cn

PREFACE

DESCRIPTION

In today's Chinese textbook market, there are numerous kinds of spoken and conversational Chinese textbooks, rather few, however, are designed specifically for the need of a large number of learners at community colleges and Confucius Institutes in the United States and other English speaking countries. *Easy Express Chinese* (EEC) is an easy, handy, fast and practical textbook designed for true beginners who take Chinese as a non-credit course in evening and weekend schools for adults. It can also be used for those who wish to acquire oral linguistic skills in daily Chinese communication, and those who need to learn Chinese for general business and travel purposes. No prior knowledge of Chinese is required for the learner.

KEY FEATURES
- Short sentence structure
- Easy to follow main frame sentences
- Quick grasping and learning texts
- Useful and highly selective vocabulary
- Lively content in the main frames
- Game-like and situational exercises
- Effective learning and fast-obtaining speaking skills
- No nonsense texts and exercises—all materials are useful and practical
- *Pinyin*, Chinese characters and English translation are provided throughout the book for the convenience of the learner
- Throughout the book, the teacher plays a role as a facilitator, participator, guide and organizer

CONTENT OF THE TEXTBOOK

The purpose of the textbook is making Chinese learning easy, fast, effective and interesting. As such, the content is very different from Chinese textbooks designed for college students. *Easy Express Chinese*-Volumn 1 and 2 consist of 6 Units and 30 Lessons (see Contents in the attachment). Each lesson starts with Teaching Points that make it clear for the learner at a glance what they are expected to grasp in the lesson. It is then followed with Functional and Communicative Frames which serve as the main frames of the lesson. Communicative

Transformation and Build-ups break down into substitutions with additional useful phrases that help the learner apply the main frame sentences into the real world situations. These breakdown expressions are short, simple, easy to grasp and use with a strong practicality. In order to test how fast and how well the learner has grasped and mastered the main frames, the authors have designed Instant and Effective Practice, which consists of short, easy and fast dialogues; game-like brain exercise: read and match, then followed with communicative exchanges, blank filling, word-phrase-sentence-discourse-text formation exercises, oral interpretation exercises and communicative tasks. The authors endeavor to combine those functional exercises and task topics with a focus on improving the learner's communication skills in real world situations. Emphasis placed on these aspects and the content is such that the students are exposed to a broad range of topics that are functional, survival, useful, realistic and practical. The textbook's vocabulary, sentence structures, communicative exchanges and communicative activities as well as level of difficulty are all designed as suitable as possible for beginners.

STRUCTURE OF THE TEXTBOOK

Unlike traditional Chinese textbooks for beginners in which the first several lessons are devoted to the learning of the Chinese phonetic alphabet, *Easy Express Chinese* concentrates on all aspects of Chinese phonetic knowledge, practice and exercises in the first lesson with a brief introduction of the standard Chinese language as well as the learning of Chinese pronunciation through *pinyin* Romanization. It is designed mainly for the benefit of beginners. Students learning Chinese as a foreign language have more difficulties in the pronunciation of vowels and consonants, in tones and intonation. Instead of spreading phonological exercises throughout the rest of the lessons, the authors concentrate a large number of phonological exercises in the first lesson in an attempt to provide the students with an overall picture of the standard Chinese phonetic system and thus help them get over the phonetic obstacles in the shortest possible time. Of course, the students still need to consolidate their phonological knowledge and practice throughout the rest of the lessons with abundant exercises that are aimed at improving the specific phonetic problems of students from different countries. Through strict learning, teaching and training practice, students can solve these phonological problems and lay a solid foundation for mastering standard Chinese *Putonghua*.

MARKET AUDIENCE

This book is written for learners who take non-credit conversational Chinese at universities, community colleges, Confucius Institutes, evening and weekend Chinese language schools throughout the world. It is also a very useful, effective and handy book for people planning to study, to work, to do business or simply to travel in China.

前 言

教材介绍

目前市场上的中文口语教材五花八门,种类繁多。但是专门为在美国及其他以英语为母语国家的社区学院及孔子学院众多选修中文课的学习者设计的中文教材却寥寥无几。据不完全统计,在美国就有一千多所社区学院。很多学生的大一大二课程都是在社区学院完成的。在美国的孔子学院目前已有五十多所,而且大都开设中文口语课程。因此编写一套适用于一大批学习者使用的口语会话教材迫在眉睫。《EEC中文快易通》是一本专门为在社区学院、孔子学院和周末业余中文学校选学中文的零起点学习者编写的简易、快捷、实用性和应用性都极强的中文口语教材,注重培养学习者的中文口头交际能力,对到中国经商、出差及旅游的人也都适用。

教材的主要特点

- 句法结构短小精练
- 主体句型简练容易,朗朗上口
- 课文简单,便于快速学习掌握
- 生词精挑细选,使用率最高也最实用
- 主体句段内容活泼,具有短平快的显著特点
- 练习采用游戏式和情景式
- 有效的学习方法让学习者快速掌握表达技能
- 教材所有语料都有实用价值而且能即学即用
- 课文提供拼音、汉字及英文翻译以方便学习者使用
- 教材中处处体现以学生为本为主,教师为辅为助的教学原则

教材内容

《EEC中文快易通》的编写以快速、简易、通俗、有效、趣味为目的,最大限度地体现了书名的本意。其内容与为本科大学生编写的中文教材截然不同。第一、二册分:入门篇、个人篇、旅行篇、生活篇、购物篇、服务篇六个模块,共三十课;内容包括衣、食、住、行、购、游、待人、接物、介绍、服务等天天用语。每课均以教学提示开始,让学习者从一开始就对他们即将要学的内容一目了然。接下来就是每课的主要模块,即功能交际句型及交际转换扩展练习。为了测试学习者学中文学得多快,学得多好,以及学习进度的快慢,编者还设计了一套即时有效的练习模块:"立竿见影"模块的练习加入了短平快式交际会话;配对游戏;交际互动;想一想、填一填;组段成句;译一译等生动活泼及脑筋急转弯式练习以及在真实情景中的交际活动话题。这些情景练习片断都短小精练,编写得精益求精,易于在实际情景交际中使用。编者力求将功能型练习以及口语交际说话任务有效地结合起

来，以期达到提高学习者交际能力的目的。

教材编写框架

传统基础中文教材都将大量的发音声调语音语调练习贯穿于各课的教学与练习中。《EEC中文快易通》则突破了这一传统语言教材的编写模式，将所有关于标准中文的知识、中文发音的介绍及练习都放在第一课集中学习，强化掌握。这样使初学者对普通话的正确发音及语流声调从一开始就在对中文感性理论认识的基础上经过对发音声调语流的大量反复集中强化式的模仿训练上升到理性掌握灵活应用及准确的发音上，从而使他们对不正确不完美的发音从一开始就受到应有的重视，及时的纠正。大量有针对性的难点发音练习旨在帮助不同语言背景的学习者克服发音中的困难，让他们尽快在短时间内克服普通话发音和声调上的困难，为日后讲一口流利的普通话并能在各种场合自如运用所学语言进行交际打下坚实的语音基础。

适用对象

本教材是为美国、加拿大、英国、澳大利亚、新西兰及其他以英语为母语国家的四年制大学、两年制社区学院、孔子学院以及晚间和周末中文学校的学习者编写的，也适用于计划到中国游学、工作、经商、出差或旅游的学习者使用。

编者简介

Dr. Meiru Liu, Chinese Language & Culture Professor and Director of Confucius Institute at Portland State University, has over 20 years of generic and business language teaching experience in both Chinese and American univerisites. She has founded business Chinese program at PSU and devleoped the curriculum and course design for all levels of generic and business Chinese in the Master of International Management Program and the Confucius Institute. Dr. Liu is the author of several books including a business Chinese and culture textbook. She is a frequent presenter at regional, national and international conferences and published numerous journal articles in her research areas.

刘美如博士,现任波特兰州立大学中国语言文化教授及孔子学院院长,具有二十多年在中国和美国大学教授普通和商务语言的丰富经验,负责该校孔子学院中文课程和国际管理研究生院商务中文的课程设计、教材开发及教学管理工作。已出版的著作中包括商务汉语和文化教材,并多次在国内外学术会议及学术刊物上宣读和发表多篇论文。

Dr. Lina Lu, Research Assistant Professor & Chinese Instructor at Portland Community College, earned a Master's of Communication Studies in 1992, and an Ed.D. in Higher Education from Portland State University in 1997. She has been teaching Chinese language and culture since 1986 at various levels and different universities in the U.S. and Canada. She currently serves as a chair of the Association for Chinese Teachers in Oregon, and a board member of the Confederation in Oregon for Language Teaching. Her research interests focus on teaching Chinese as a second language, intercultural communication, and comparisons of the Chinese and the U.S. education systems.

吕丽娜博士,1992 年获美国波特兰州立大学文化交流研究硕士,1997 年获该校教育博士。自 1986 年起,在美国及加拿大多所大学讲授中文及中美文化比较课程。目前担任俄勒冈州中文教师学会主席,俄勒冈州外语教师协会理事会理事。主要研究领域包括汉语作为第二语言教学、文化交流、中美教育比较。

Dr. Xiaoling Tian is currently an Assistant Professor of Chinese at Pacific University. After 20 years of teaching in China, she earned her Master degree in Curriculum and Instruction in 2002 and currently a doctoral candidate of the Educational Leadership program in Portland State University. She has been teaching Chinese to students of different ages in varied schools and universities in the U.S. since 2000. Currently she is in charged of the Chinese program and teaching different levels of Chinese classes, as well as Chinese cultural studies in Pacific University. Her research interest in language teaching is how to make the language learning interesting, communicative and task-oriented.

　　田小玲博士，太平洋大学中文助理教授。中国执教二十年后，自2000年起，一直在美国不同层次的学校及大学从事中文教学。2002年获美国波特兰州立大学教育学院硕士学位，2008年获教育管理艺术博士学位。目前在美国俄勒冈州太平洋大学主持中文及文化教学。研究兴趣在于如何使语言学习变得有趣、互动、以任务为中心。

EEC中文快易通

CONTENTS 目录

● **第四单元　生活篇 / 1**
UNIT FOUR　LIVING IN CHINA

第十五课　兑换人民币 / 2
Lesson 15　Exchange for RMB
第十六课　打的 / 10
Lesson 16　Call a Cab
第十七课　在宾馆 / 18
Lesson 17　At the Hotel
第十八课　问路 / 28
Lesson 18　Asking the Way
第十九课　吃在中国 / 36
Lesson 19　Eating in China
单元小结 / 43
Unit Four Summary

● **第五单元　购物篇 / 45**
UNIT FIVE　SHOPPING

第二十课　买食物 / 46
Lesson 20　Buying Food
第二十一课　买衣服 / 53
Lesson 21　Buying Clothes
第二十二课　买鞋 / 61
Lesson 22　Buying Shoes
第二十三课　买电话卡 / 68
Lesson 23　Buying Telephone / Calling Card

第二十四课　买电器 / 75
Lesson 24　Buying Electronic Devices
第二十五课　买礼品 / 84
Lesson 25　Buying Gifts
单元小结 / 93
Unit Five Summary

第六单元　服务篇 / 95
UNIT SIX　SERVICES

第二十六课　看医生 / 96
Lesson 26　Seeing a Doctor
第二十七课　看演出 / 104
Lesson 27　Watching Performance
第二十八课　电话查询 / 112
Lesson 28　Inquiry for Telephone Number
第二十九课　订餐位 / 120
Lesson 29　Making Dinner Reservation
第三十课　健身,足疗 / 129
Lesson 30　Fitness, Foot Massage
单元小结 /137
Unit Six Summary

附录 / 138
The Abbreviations of Chinese Grammatical Terms

UNIT FOUR LIVING IN CHINA
第四单元 生活篇

Lesson 15 Exchange for RMB
第十五课 兑换人民币

教学提示

Teaching Points

1. 助动词——可以
   Auxiliary word—can
2. 连词——或者
   Conjunction—or
3. 量词——元
   Measure word—*yuan*

  功能交际句型

Functional & Communicative Frames

1. A: Qǐngwèn, zài nǎr kěyǐ huàn rénmínbì?
   B: Zài yínháng, fàndiàn huòzhě jīchǎng.

   1. A: 请问,在哪儿可以换人民币?
      B: 在银行、饭店或者机场。

2. A: Jīntiān de duìhuànlǜ shì duōshao?
   B: Tīngshuō yì měiyuán duìhuàn liù kuài bā máo sì rénmínbì.

   2. A: 今天的兑换率是多少?
      B: 听说一美元兑换六块八毛四人民币。

3. A: Wǒ huàn wǔbǎi měiyuán de rénmínbì.
   B: Zhè shì sānqiān sìbǎi èrshí yuán.
   A: Xièxie.

   3. A: 我换五百美元的人民币。
      B: 这是三千四百二十元。
      A: 谢谢。

2

第十五课 兑换人民币

交际转换扩展
Communicative Transformation and Build-ups

1. A: Qǐngwèn, zài nǎr kěyǐ huàn rénmínbì?
   请问，在哪儿可以换人民币？
   B: Zài yínháng, fàndiàn huòzhě jīchǎng.
   在银行、饭店或者机场。

měiyuán	美元
ōuyuán	欧元
jiāyuán	加元
yīngbàng	英镑
àoyuán	澳元
gǎngbì	港币
xīntáibì	新台币
mǎkè	马克
lúbù	卢布
bǐsuǒ	比索

Zhōngguó Yínháng	中国银行
Zhōngguó Gōngshāng Yínháng	中国工商银行
Zhōngguó Jiànshè Yínháng	中国建设银行
Zhōngguó Nóngyè Yínháng	中国农业银行
Jiāotōng Yínháng	交通银行
Zhāoshāng Yínháng	招商银行
Huìfēng Yínháng	汇丰银行
Shǒudū Guójì Jīchǎng	首都国际机场
Shànghǎi Hóngqiáo Jīchǎng	上海虹桥机场
Pǔdōng Guójì Jīchǎng	浦东国际机场
Guǎngzhōu Báiyún Jīchǎng	广州白云机场
Xiānggélǐlā Fàndiàn	香格里拉饭店
Xī'ěrdùn Fàndiàn	希尔顿饭店
Xǐláidēng Fàndiàn	喜来登饭店
Lìdū Jiàrì Fàndiàn	丽都假日饭店

2. A: Jīntiān de duìhuànlǜ shì duōshao?
   今天的兑换率是多少？
   B: Tīngshuō yì měiyuán duìhuàn
   听说一美元兑换
   qī kuài rénmínbì.
   七块人民币。

liù kuài bā máo sì	六块八毛四
qī kuài èr	七块二
bā kuài sān máo wǔ	八块三毛五
jiǔ kuài bā	九块八

3. A: Wǒ huàn wǔbǎi měiyuán de rénmínbì.
   我换五百美元的人民币。
   B: Hǎo de.
   好的。

liǎngqiān wǔbǎi	两千五百
yìqiān	一千
yíwàn	一万
sìqiān líng jiǔshí	四千零九十

EEC 中文快易通 2

生词 NEW WORDS

huàn	换	(动)	to exchange
duìhuàn	兑换	(动)	to exchange (formal)
duìhuànlǜ	兑换率	(名)	exchange rate
rénmínbì	人民币	(名)	RMB
měiyuán	美元	(名)	American dollar
bǎi	百	(数)	hundred
qiān	千	(数)	thousand
wàn	万	(数)	ten thousand
kuài	块	(量)	an unit of Chinese Currency
yuán	元	(量)	an unit of Chinese Currency
líng	零	(数)	zero, extra
kěyǐ	可以	(助动词)	can, be able
fàndiàn	饭店	(名)	hotel
huòzhě	或者	(连)	or
ōuyuán	欧元	(名)	European dollar
jiāyuán	加元	(名)	Canadian dollar
yīngbàng	英镑	(名)	pound
àoyuán	澳元	(名)	Australian dollar
gǎngbì	港币	(名)	HK dollar
xīntáibì	新台币	(名)	New Taiwan's currency
mǎkè	马克	(名)	mark
lúbù	卢布	(名)	ruble
bǐsuǒ	比索	(名)	peso
Zhōngguó Yínháng	中国银行		Bank of China
Zhōngguó Gōngshāng Yínháng	中国工商银行		Industrial and Commercial Bank of China
Zhōngguó Jiànshè Yínháng	中国建设银行		China Construction Bank
Zhōngguó Nóngyè Yínháng	中国农业银行		Agriculture Bank of China
Jiāotōng Yínháng	交通银行		Bank of Communications

第十五课　兑换人民币

Zhāoshāng Yínháng　招商银行　China Merchants Bank
Huìfēng Yínháng　汇丰银行　Hong Kong and Shanghai Bank Coporation

立竿见影
INSTANT AND EFFECTIVE PRACTICE

I. 短平快式交际会话　Short, Easy and Fast Dialogues

1. A: Qǐngwèn, zài nǎr kěyǐ huàn rénmínbì? / 请问,在哪儿可以换人民币?
   B: Zài fàndiàn jiù kěyǐ. / 在饭店就可以。
   A: Shì ma? Jīntiān de duìhuànlǜ shì duōshao? / 是吗?今天的兑换率是多少?
   B: Tīngshuō yì měiyuán kěyǐ huàn qī kuài rénmínbì.
      听说一美元可以换七块人民币。

2. A: Wǒ xiǎng huàn rénmínbì. / 我想换人民币。
   B: Nǐ kěyǐ zài Zhōngguó Yínháng huàn. / 你可以在中国银行换。
   A: Kěyǐ zài jīchǎng huàn ma? / 可以在机场换吗?
   B: Yě kěyǐ. / 也可以。

3. A: Kěyǐ zài fàndiàn huàn ōuyuán ma? / 可以在饭店换欧元吗?
   B: Kěyǐ. Nǐ huàn duōshao? / 可以。你换多少?
   A: Wǒ huàn wǔbǎi kuài. / 我换五百块。
   B: Hǎo. / 好。

4. A: Zhèli kěyǐ huàn yīngbàng ma? / 这里可以换英磅吗?
   B: Duìbuqǐ, bù kěyǐ. / 对不起,不可以。
   A: Zài nǎr kěyǐ huàn? / 在哪儿可以换?
   B: Nǐ kěyǐ zài Zhōngguó Yínháng huàn. / 你可以在中国银行换。

EEC中文快易通2

II. 配对游戏 Match Game

1. duìhuàn / 兑换   a) hundred
2. kěyǐ / 可以   b) hotel
3. kuài / 块   c) to exchange
4. fàndiàn / 饭店   d) an unit of Chinese Currency
5. huòzhě / 或者   e) RMB
6. bǎi / 百   f) can, to be able to
7. rénmínbì / 人民币   g) zero
8. wàn / 万   h) bank
9. líng / 零   i) ten thousand
10. yínháng / 银行   j) or

III. 交际互动 Communicative Exchange

1. A: Nǐ qù nǎr huàn qián?
   你去哪儿换钱?
   B: _____
   A: _____
   B: Jīntiān yì měiyuán kěyǐ huàn qī kuài rénmínbì.
   今天一美元可以换七块人民币。

2. A: _____
   B: Nǐ kěyǐ qù Zhōngguó Yínháng huàn.
   你可以去中国银行换。
   A: _____
   B: Yì měiyuán huàn jiǔ máo bā jiābì.
   一美元换九毛八加币。

3. A: Wǒ xiǎng huàn ōuyuán.
   我想换欧元。
   B: _____
   A: Duìhuànlǜ shì duōshao?
   兑换率是多少?
   B: _____

6

第十五课　兑换人民币

4. A: _____

   B: Fàndiàn jiù kěyǐ huàn.
      饭店就可以换。

   A: Zhè shì yìqiān sānbǎi yuán.
      这是一千三百元。

   B: _____

IV. 想一想,填一填　Fill in the Blanks with Proper Words

1. Wǒ xiǎng (　　　) rénmínbì.
   我想(　　　)人民币。

2. Jīntiān de (　　　) shì duōshao?
   今天的(　　　)是多少?

3. Wǒmen kěyǐ (　　　) huàn rénmínbì?
   我们可以(　　　)换人民币?

4. Yì měiyuán huàn (　　　) rénmínbì.
   一美元换(　　　)人民币。

5. Wǒ huàn (　　　).
   我换(　　　)。

V. 组词成句　Make Sentences with the Given Words

1. 换(huàn)　我(wǒ)　人民币(rénmínbì)　块(kuài)　想(xiǎng)　五百(wǔbǎi)

2. 换(huàn)　今天(jīntiān)　一(yī)　美元(měiyuán)　七块(qī kuài)　人民币(rénmínbì)

3. 在(zài)　你(nǐ)　换(huàn)　或者(huòzhě)　钱(qián)　可以(kěyǐ)　银行(yínháng)　饭店(fàndiàn)

4. 欧元(ōuyuán)　在(zài)　可以(kěyǐ)　吗(ma)　换(huàn)　饭店(fàndiàn)

7

VI. 译一译 Translate the Following into Chinese

1. A: Where can I exchange money?
   B: Either in a bank or a hotel.
   A: What is the exchange rate?
   B: I heard that one dollar will exchange seven yuan and forty cents of Chinese RMB.

2. A: Can I exchange some Euros here?
   B: Sorry, you can't.
   A: Where can I exchange Euros?
   B: At the Bank of China.

VII. 交际任务 Communicative Tasks

1. Group in two or three and ask each other where you can exchange money in each of your countries.
2. Change partner and tell your new partner where your first partners exchanges money in her/his country.
3. Discuss with your partner where the best places to exchange money in a foreign country are.
4. Discuss in groups the exchange rate of different money from different countries. Each one wants to exchange a large sum of money. How would you say in Chinese a large sum of money accurately?
5. Group in two or three; tell each other your experience in exchanging money in a foreign country.
6. Classroom activity: interview four or five classmates to find out where they ever exchanged money before, what exchange rate they had and what kind of currency and the largest sum of money they have ever exchanged and used.
7. Carry on a dialogue between a customer and a bank clerk.

第十五课　兑换人民币

8. Role-play: ask a bank clerk about the different exchange rates between RMB and USD in terms of cash (现金 xiànjīn), traveler's check (旅行支票 lǚxíng zhīpiào), money order (汇票 huìpiào), cashier's check (现金支票 xiànjīn zhīpiào), regular check (普通支票 pǔtōng zhīpiào) and wired transfer (电汇 diànhuì), etc.

9. You have $1,000 USD and would like to exchange $500 into RMB; $300 into Euros and the rest into Canadian Dollars. How would you say it?

10. Find out about the exchange rate between USD and other currencies and report your findings in class.

Lesson 16 Call a Cab
第十六课 打的

Teaching Points

1. 结构——起价……加……
   Structure—the basic price and then add on...
2. 动词——打
   Verb—to take
3. 副词——每, 就, 大概
   Adverb—each, just, approximately

功能交际句型
Functional & Communicative Frames

1. A: Qǐngwèn, zài nǎr dǎ dī /zuò chūzūchē?
   B: Jiù zài fàndiàn ménkǒu.

2. A: Chūzūchē zěnme shōu fèi?
   B: Qǐjià shí kuài, ránhòu měi gōnglǐ jiā shōu liǎng kuài.

3. A: Cóng fàndiàn dào Wàitān yǒu duō yuǎn?
   B: Dàgài shíwǔ gōnglǐ.

4. A: Yígòng duōshao qián?
   B: Èrshí yuán zuǒyòu.

1. A: 请问,在哪儿打的/坐出租车?
   B: 就在饭店门口。

2. A: 出租车怎么收费?
   B: 起价十块,然后每公里加收两块。

3. A: 从饭店到外滩有多远?
   B: 大概十五公里。

4. A: 一共多少钱?
   B: 二十元左右。

第十六课　打的

交际转换扩展
Communicative Transformation and Build-ups

1. A: Qǐngwèn, zài nǎr dǎ dī /zuò chūzūzhē?
   请问,在哪儿打的/坐出租车?
   B: Jiù zài fàndiàn ménkǒu.
   就在饭店门口。

mǎlù biān	马路边
chūzūqìchē zhàn	出租汽车站
fēijīchǎng	飞机场
huǒchē zhàn	火车站
dìtiě zhàn	地铁站

2. A: Chūzūchē zěnme shōu fèi?
   出租车怎么收费?
   B: Qǐjià shí kuài, ránhòu měi gōnglǐ
   起价十块,然后每公里
   jiā shōu liǎng kuài.
   加收两块。

常见交通工具
Common Transportations

dìtiě	地铁
qīngguǐ	轻轨
sānlúnchē	三轮车
gōnggòng qìchē	公共汽车
diànchē	电车

3. A: Cóng fàndiàn dào Wàitān yǒu duō yuǎn?
   从饭店到外滩有多远?
   B: Dàgài shíwǔ gōnglǐ.
   大概十五公里。

Tiān'ānmén	天安门
Wángfǔjǐng	王府井
Yùyuán	豫园
Nánjīnglù	南京路
Dōngfāng Míngzhū Diànshìtǎ	东方明珠电视塔
Jīnmào Dàshà	金茂大厦
fēijīchǎng	飞机场
huǒchēzhàn	火车站

4. A: Yígòng duōshao qián?
   一共多少钱?
   B: Èrshí yuán zuǒyòu.
   二十元左右。

shíwǔ	十五
wǔshí	五十
sānshí	三十
sānshíwǔ	三十五

EEC中文快易通 2

生词 NEW WORDS

dǎ dī	打的		to take a taxi
dǎ	打	（动）	to take; to hit
zuò	坐	（动）	to take; go... by
chūzūchē	出租车	（名）	taxi
jiù	就	（副）	just
ménkǒu	门口	（名）	outside of the door
shōu fèi	收费		charge
qǐjià	起价	（名）	start price
jiā	加	（动）	add on; plus
shōu	收	（动）	collect; cost
měi	每	（代）	each; per
gōnglǐ	公里	（名）	kilometer
duōyuǎn	多远	（疑问词）	how far
Wàitān	外滩	（专名）	the Bund (in Shanghai)
dàgài	大概	（副）	approximately
yígòng	一共	（副）	total; altogether
zuǒyòu	左右	（名）	around; about
zuǒ	左	（形）	left
yòu	右	（形）	right
mǎlù	马路	（名）	road
biān	边	（名）	side
chūzū qìchē zhàn	出租汽车站		taxi station
huǒchē zhàn	火车站		train station
dìtiě zhàn	地铁站		subway station
dìtiě	地铁	（名）	subway; underground train
qīngguǐ	轻轨	（名）	light rail
sānlúnchē	三轮车	（名）	tricycle; rickshaw
gōnggòng qìchē	公共汽车		bus
diànchē	电车	（名）	trolleybus
Tiān'ānmén	天安门	（专名）	Tian'anmen Square
Wángfǔjǐng	王府井	（专名）	Wangfujing Street
Yùyuán	豫园	（专名）	Yu Garden

第十六课 打的

Nánjīng Lù	南京路	（专名）	Nanjing Road
Dōngfāng Míngzhū Diànshìtǎ	东方明珠电视塔	（专名）	Oriental Pearl TV Tower
Jīnmào Dàshà	金茂大厦	（专名）	Jinmao Tower

立竿见影
INSTANT AND EFFECTIVE PRACTICE

I. 短平快式交际会话 Short, Easy and Fast Dialogues

1. A: Fàndiàn ménkǒu yǒu chūzū qìchē ma? / 饭店门口有出租汽车吗？
   B: Yǒu. Nǐ qù nǎr? / 有。你去哪儿？
   A: Wǒ qù yínháng. Yuǎn bu yuǎn? / 我去银行。远不远？
   B: Bù yuǎn. Shí fēnzhōng jiù dào le. / 不远。十分钟就到了。

2. A: Cóng fàndiàn dào yínháng yǒu duōyuǎn? / 从饭店到银行有多远？
   B: Zuò chūzūchē yào shíwǔ fēnzhōng. / 坐出租车要十五分钟。
   A: Zài nǎr yǒu chūzūchē? / 在哪儿有出租车？
   B: Fàndiàn ménkǒu jiù yǒu. / 饭店门口就有。

3. A: Wǒ xiǎng dǎ dī dào Dōngfāng Míngzhū Diànshìtǎ.
      我想打的到东方明珠电视塔。
   B: Cóng zhèr dào Dōngfāng Míngzhū Diànshìtǎ dàgài yǒu èrshí gōnglǐ.
      从这儿到东方明珠电视塔大概有二十公里。
   A: Zěnme shōu fèi? / 怎么收费？
   B: Qǐjià shí kuài, ránhòu měi gōnglǐ jiā shōu liǎng kuài.
      起价十块，然后每公里加收两块。

4. A: Wǒmen dǎ dī qù Wàitān hǎo ma? / 我们打的去外滩好吗？
   B: Hǎo. Zài nǎr dǎ dī? / 好。在哪儿打的？
   A: Jiù zài chūzū qìchē zhàn. / 就在出租汽车站。

EEC中文快易通 2

B: Yígòng duōshao qián? / 一共多少钱？

A: Dàgài yào èrshí kuài qián. / 大概要二十块钱。

II. 配对游戏 Match Game

1. dǎ dī / 打的   a) just
2. zuò / 坐   b) start from
3. jiù / 就   c) total
4. fàndiàn / 饭店   d) kilometer
5. ménkǒu / 门口   e) each; per
6. shōu fèi / 收费   f) charge
7. yígòng / 一共   g) to take taxi/call a cab
8. měi / 每   h) how far
9. gōnglǐ / 公里   i) hotel with dinning hall
10. cóng / 从   j) to take; go... by
11. duōyuǎn / 多远   k) approximately
12. dàgài / 大概   l) outside of the door

III. 交际互动 Communicative Exchange

1. A: Qǐngwèn, zài nǎr dǎ dī?
   请问，在哪儿打的？
   B: _____
   A: _____
   B: Bù yuǎn. Shí fēnzhōng jiù dào le.
   不远。十分钟就到了。

2: A: _____?
   B: Zuò chūzūchē yào shíwǔ fēnzhōng.
   坐出租车要十五分钟。

14

第十六课　打的

A: Zài nǎr zuò chūzūchē?
　在哪儿坐出租车？
B: _____.

3. A: Dǎ dī dào Dōngfāng Míngzhū Diànshìtǎ zěnmeyàng?
　　打的到东方明珠电视塔怎么样？
　B: _____
　A: Zěnme shōu fèi?
　　怎么收费？
　B: _____.

4. A: _____
　B: Jiù zài chūzū qìchē zhàn.
　　就在出租汽车站。
　A: Yígòng duōshao qián?
　　一共多少钱？
　B: _____

IV. 想一想，填一填 Fill in the Blanks with Proper Words

1. Wǒ xiǎng (　　) dī qù Wángfǔjǐng Dàjiē.
   我想(　　　　)的去王府井大街。
2. Běijīng chūcūchē de shōu fèi shì: (　　) shí yuán.
   北京出租车的收费是:(　　　　)十元。
3. (　　) Wángfǔjǐng (　　) Tiān'ānmén yǒu duōyuǎn?
   (　　)王府井(　　　　)天安门有多远？
4. Yígòng (　　) qián?
   一共(　　　　)钱？
5. Cóng fàndiàn dào Wàitān de chūzūchē (　　) duōshao qián?
   从饭店到外滩的出租车(　　　　)多少钱？
6. (　　) chūzūchē dào dìtiě zhàn yào duōshao qián?
   (　　　　)出租车到地铁站要多少钱？

V. 组词成句 Make Sentences with the Given Words

1. 哪儿(nǎr)　打的(dǎ dī)　在(zài)

2. 门口(ménkǒu)　在(zài)　饭店(fàndiàn)　就(jiù)

3. 王府井(Wángfǔjǐng)　从(cóng)　天安门(Tiān'ānmén)　多远(duōyuǎn)　有(yǒu)　到(dào)

4. 坐(zuò)　到(dào)　出租车(chūzūchē)　多少(duōshao)　地铁站(dìtiě zhàn)　钱(qián)　要(yào)

5. 有(yǒu)　大概(dàgài)　公里(gōnglǐ)　十五(shíwǔ)

VI. 译一译 Translate the Following into Chinese

1. A: Where can I find a taxi?
   B: Just outside the hotel.
   A: How much does it cost?
   B: I think it approximately costs 15 yuan.

2. A: How far is it from the hotel to Tian'anmen Square?
   B: About five miles.
   A: Can I take a taxi to go there?
   B: You surely can.

VII. 交际任务 Communicative Tasks

1. Ask the Concierge in the hotel you are staying where you can take a taxi.
2. Call Telephone Information Center at 114 about different fare of taking taxi, subway, bus, light rail, trolley bus, etc.
3. Ask a pedestrian where the nearest taxi station/subway is and how to go there.

第十六课　打的

4. You are taking a taxi from your hotel to Tian'anmen Square, ask the taxi driver how far is it, how long it will take to get there, and how much is the approximate fare, etc.

5. Role-play: carry on a conversation between a taxi driver and you and ask the taxi driver as many relevant questions as you can and vice versa.

6. You are staying at Peace Hotel in the west side of Shanghai. You are taking a taxi to Pudong in the east side to visit the Jinmao Tower, Oriental Pearl TV Tower, what do you ask the taxi driver in terms of distance, time it'll take and taxi fare.

7. You are at the Beijing Train Station and you want to go to visit the Olympic Center in the Northwest of Beijing. Instead of calling a cab, you'd like to experience taking bus/subway in Beijing. How would you ask the way?

8. Role-play: carry on a conversation between with your conversational partner about visiting different places of historical interests and scenic spots in Beijing. What would you ask and answer?

9. You want to visit alleys/hutong in Beijing by tricycle/rickshaw, what would you ask the tricycle/rickshaw driver?

10. Role-play: one student serves as a volunteer tourist guide for the Beijing 2008 Olympic Games and the rest of the students as tourists asking him/her questions answer questions regarding touring Beijing and all kinds of public transportation related questions.

Lesson 17 At the Hotel
第十七课 在宾馆

教学提示

Teaching Points

1. 句子——办理……手续
   Sentence structure—handle... procedures
2. 动词——预订
   Verb—to reserve
3. 动词——包
   Verb—include

功能交际句型
Functional & Communicative Frames

1. A: Xiānsheng/Xiǎojiě, nǐ hǎo.
   Wǒ yào bànlǐ rùzhù shǒuxù.
   B: Nǐ yùdìngle ma?
   A: Wǒ yùdìngle yì jiān biāozhǔn fángjiān.

1. A: 先生/小姐,你好。我要办理入住手续。
   B: 你预订了吗?
   A: 我预订了一间标准房间。

2. A: Qǐngwèn, bīnguǎn yǒu méiyǒu wǎngbā?
   B: Yǒu, jiù zài shāngwù zhōngxīn. Nǐ yě kěyǐ zài fángjiān shàng wǎng.

2. A: 请问,宾馆有没有网吧?
   B: 有,就在商务中心。你也可以在房间上网。

3. A: Fángfèi bāo bu bāo shàng wǎng fèi?
   B: Shāngwù fángjiān bāo, biāozhǔn fángjiān bù bāo.
   A: Bāo zǎocān ma?
   B: Bù bāo.

3. A: 房费包不包上网费?
   B: 商务房间包,标准房间不包。
   A: 包早餐吗?
   B: 不包。

第十七课 在宾馆

交际转换扩展
Communicative Transformation and Build-ups

1. A: Xiānsheng/Xiǎojiě, nǐ hǎo. Wǒ yào bànlǐ rùzhù shǒuxù.
   先生/小姐,你好。我要办理入住手续。

   B: Nǐ yùdìngle ma?
   你预订了吗?

   A: Wǒ yùdìngle yì jiān biāozhǔn fángjiān.
   我预订了一间标准房间。

shuāngrén fángjiān	双人房间
dānrén fángjiān	单人房间
sānrén fángjiān	三人房间
dà fángjiān	大房间
shāngwù fángjiān	商务房间
xíngzhèng fángjiān	行政房间
tàojiān	套间
guìbīn fángjiān	贵宾房间

2. A: Qǐngwèn, fàndiàn yǒu méiyǒu jiǔbā?
   请问,饭店有没有酒吧?

jiànshēnfáng	健身房
xǐyīfáng	洗衣房
jiǔbā	酒吧
cāntīng	餐厅
fàláng	发廊
lǐpǐndiàn	礼品店
sòng cān fúwù	送餐服务
jìcúnchù	寄存处
lǐbīnbù	礼宾部

   B: Yǒu, jiù zài yī lóu dàtīng.
   有,就在一楼大厅。

   A: Xūyào dǎ diànhuà yùdìng ma?
   需要打电话预定吗?

   B: Bù xūyào.
   不需要。

EEC中文快易通 2

3. A: Fángfèi bāo bu bāo zǎocān?
   房费包不包早餐?

   B: Bāo.
   包。

shàng wǎng	上网
jiàn shēn	健身
xǐ yī	洗衣
sòng cān fúwù	送餐服务
jìcún fúwù	寄存服务

生词 NEW WORDS

qiántái	前台	(名)	front desk
rùzhù	入住	(动)	to check in (hotel)
bànlǐ	办理	(动)	to handle
shǒuxù	手续	(名)	procedures
yùdìng	预定	(动)	to reserve
jiān	间	(量)	measure word
biāozhǔn	标准	(名,形)	standard
fángjiān	房间	(名)	room
wǎngbā	网吧	(名)	internet bar
shàng wǎng	上网		to go online
shāngwù zhōngxīn	商务中心		business center
fángfèi	房费	(名)	room price
bāo	包	(动)	cover; include
zǎocān	早餐	(名)	breakfast
shuāngrén fángjiān	双人房间		double room
dānrén fángjiān	单人房间		single room
sānrén fángjiān	三人房间		three-person room suite
dà fángjiān	大房间		big room
shāngwù fángjiān	商务房间		business suite
xíngzhèng fángjiān	行政房间		executive suite
tàojiān	套间	(名)	suite
guìbīn fángjiān	贵宾房间		VIP suite
jiànshēnfáng	健身房	(名)	gym
xǐyīfáng	洗衣房	(名)	laundry room

20

第十七课　在宾馆

jiǔbā	酒吧	（名）	bar
cāntīng	餐厅	（名）	dinning room
fàláng	发廊	（名）	beauty salon
lǐpǐndiàn	礼品店	（名）	gift shop
sòng cān fúwù	送餐服务		food-delivering service
jìcúnchù	寄存处	（名）	storage office
jiàn shēn	健身		physical exercise
xǐ yī	洗衣		laundry
jìcún	寄存	（动）	to store (luggage)
lǐbīnbù	礼宾部	（名）	concierge

立竿见影
INSTANT AND EFFECTIVE PRACTICE

I. 短平快式交际会话　Short, Easy and Fast Dialogues

1. A: Nǐ hǎo. Wǒ yào bànlǐ rùzhù shǒuxù. / 你好。我要办理入住手续。

   B: Qǐngwèn, nín yùdìngle ma? / 请问，您预定了吗？

   A: Yùdìngle. / 预定了。

   B: Nín jiào shénme míngzi? / 您叫什么名字？

   A: Wǒ jiào Wáng Lín. / 我叫王林。

   B: Qǐng děng yíxiàr. / 请等一下儿。

   ……

   B: Nín yùdìngle yì jiān dānrén fángjiān, duì ma?
   您预定了一间单人房间，对吗？

   A: Duì. / 对。

2. A: Qǐngwèn, fàndiàn yǒu méiyǒu wǎngbā? / 请问，饭店有没有网吧？

   B: Yǒu. / 有。

   A: Zài nǎr? / 在哪儿？

   B: Jiù zài shāngwù zhōngxīn. / 就在商务中心。

A: Zài fángjiān kěyǐ shàng wǎng ma? / 在房间可以上网吗?

B: Kěyǐ, kěshi yào jiā shōu shàng wǎng fèi. / 可以，可是要加收上网费。

A: Zěnme shōu fèi? / 怎么收费?

B: Měi ge xiǎoshí 12 yuán. Búguò shàngwǔ fángjiān shàng wǎng bù shōu fèi.
每个小时12元。不过上午房间上网不收费。

A: Ò, zhīdào le. Xièxie. / 哦，知道了。谢谢。

B: Bú kèqi. / 不客气。

3. A: Qǐngwèn, fángfèi bāo bu bāo xǐ yī fúwù? / 请问，房费包不包洗衣服务?

B: Bù bāo. / 不包。

A: Yǒu méiyǒu xǐyīfáng? / 有没有洗衣房?

B: Yǒu. / 有。

A: Zài jǐ céng? / 在几层?

B: Zài yī céng. / 在一层。

4. A: Qǐngwèn, zài nǎr bànlǐ rùzhù shǒuxù? / 请问，在哪儿办理入住手续?

B: Jiù zài zhèr. / 就在这儿。

A: Wǒ yùdìngle yì jiān shuāngrén fángjiān. / 我预定了一间双人房间。

B: Hǎo. Qǐng děng yíxiàr. / 好。请等一下儿。

A: Wǒ de fángjiān zài jǐ céng? / 我的房间在几层?

B: Zài bā céng. / 在八层。

A: Fángfèi bāo zǎocān ma? / 房费包早餐吗?

B: Bāo. / 包。

A: Zǎocān zài nǎr? / 早餐在哪儿?

B: Zài yī céng cāntīng. / 在一层餐厅。

第十七课 在宾馆

II. 配对游戏 Match Game

1. qiántái / 前台   a) to store
2. shǒuxù / 手续   b) internet bar
3. yùdìng / 预定   c) breakfast
4. wǎngbā / 网吧   d) front desk
5. fángfèi / 房费   e) to go online
6. bāo / 包   f) procedures
7. bànlǐ / 办理   g) to reserve
8. shàng wǎng / 上网   h) to include
9. jìcún / 寄存   i) room price
10. zǎocān / 早餐   j) to handle

III. 交际互动 Communicative Exchange

1. A: Qǐngwèn, fàndiàn yǒu méiyǒu cāntīng?
   请问,饭店有没有餐厅?
   B: _____
   A: Zài jǐ céng?
   在几层?
   B: _____
   A: Kěyǐ dìng cān ma?
   可以订餐吗?
   B: _____
   A: Shōu fèi ma?
   收费吗?
   B: _____
   A: Xièxie.
   谢谢。
   B: _____

2. A: Nǐhǎo, wǒ yào bànlǐ rùzhù shǒuxù.
   你好,我要办理入住手续。
   B: _____

EEC中文快易通 2

    A: Yǒu méiyǒu xǐyīfáng?
       有没有洗衣房？
    B: _____

    A: Zài jǐ céng?
       在几层？
    B: _____

3. A: Nǐ hǎo. Wǒ yào bànlǐ rùzhù shǒuxù.
       你好。我要办理入住手续。
   B: Qǐngwèn, nín yùdìngle ma?
       请问，您预定了吗？
   A: _____
   B: Nín jiào shénme?
       您叫什么？
   A: _____
   B: Qǐng děng yíxiàr.
       请等一下儿。
   B: _____
   A: Duì.
       对。

4. A: Qǐngwèn, _____
       请问，
   B: Jiù zài zhèr.
       就在这儿。
   A: _____
   B: Hǎo. Qǐng děng yíxiàr.
       好。请等一下儿。
   A: _____
   B: Zài bā céng.
       在八层。
   A: _____
   B: Bāo.
       包。

第十七课　在宾馆

IV. 想一想,填一填　Fill in the Blanks with Proper Words

1. Wǒ yào (　　　) rùzhù shǒuxù.
   我要(　　　)入住手续。

2. Qǐngwèn, fàndiàn yǒu méiyǒu (　　　)?
   请问,饭店有没有(　　　)?

3. Wǒ yùdìngle yì jiān (　　　).
   我预定了一间(　　　)。

4. Zài fángjiān (　　　) shàng wǎng ma?
   在房间(　　　)上网吗?

5. Wǒ de fángjiān (　　　) jǐ céng?
   我的房间(　　　)几层?

6. Fángfèi bāo (　　　) ma?
   房费包(　　　)吗?

V. 组词成句　Make Sentences with the Given Words

1. 办理(bànlǐ)　在(zài)　入住(rùzhù)　哪儿(nǎr)　手续(shǒuxù)

2. 房费(fángfèi)　上网(shàng wǎng)　包(bāo)　不包(bù bāo)

3. 房间(fángjiān)　你(nǐ)　标准(biāozhǔn)　预定(yùdìng)　一间(yì jiān)　了(le)　吗(ma)

4. 没有(méiyǒu)　网吧(wǎngbā)　商务(shāngwù)　中心(zhōngxīn)　有(yǒu)

VI. 译一译　Translate the Following into Chinese

1. A: Hello. I want to check in.

   B: What's your name?

   A: Jeff Smith.

   B: Just a minute please. Do you have a reservation?

   A: Yes. I reserved a single room.

  B: Your room is on 10th floor.

  A: What's room number?

  B: It's 1035.

  A: Thanks.

  B: You're welcome.

2. A: Does the room price include breakfast?

  B: Yes.

  A: Where is it served?

  B: It's on the first floor, on your right.

  A: Is internet also included?

  B: Yes. You can also go online in your room.

  A: Great.

VII. 交际任务 Communicative Tasks

1. You just arrive at a big hotel. You ask the staff at the front desk where and how to check in.

2. After you've checked in and put your luggage in the room, you call the front desk and ask whether breakfast is included in the room price.

3. At the front desk, you ask whether the hotel has food-delivering service and whether it is charged and how much.

4. After you check in at Beijing Hotel, you call your parents and tell them about your room number and all the services the hotel provides, charged or complimentary.

5. After you check in, you want to go online to check your email. But you can't find internet bar. So you call the front desk and ask where the internet bar is and whether you can log-in in your room.

6. Your room has free online service, but you don't find the internet cable (网线 wǎngxiàn). Call the front desk and find out where you can find/get an internet cable.

第十七课　在宾馆

7. You want to make a telephone call from your hotel room, ask the front desk if it's charged and how much it's charged for local call, domestic long-distance and international long-distance calls.

8. Carry on a conversation between a hotel guest and front desk staff about what kind of facilities the hotel provides and whether or not they are complementary or charged. If it's the latter, what's the rate?

9. You've reserved a business suite, ask what kind of facilities and services the hotel offers.

10. Role-play: make a hotel reservation on the phone and ask all kinds of questions you can think of in regards to the hotel's facilities, services, room types and their rate and charges, etc.

Lesson 18 Asking the Way
第十八课 问路

教学提示

Teaching Points

1. 疑问句——到……怎么走
   Question—how to get to...
2. 方向
   Directions
3. 交通
   Transportation

功能交际句型
Functional & Communicative Frames

1. A: Qǐngwèn, dào Měiguó Dàshǐguǎn zěnme zǒu?
   B: Yìzhí wǎng qián zǒu.

1. A: 请问,到美国大使馆,怎么走?
   B: 一直往前走。

2. A: Guǎi wānr ma?
   B: Dàole Yǒuyì Shāngdiàn, wǎng běi guǎi.

2. A: 拐弯儿吗?
   B: 到了友谊商店,往北拐。

3. A: Yào zuò chē ma?
   B: Bù xūyào. Zǒu 15 fēnzhōng jiù dào le.

3. A: 要坐车吗?
   B: 不需要。走十五分钟就到了。

交际转换扩展
Communicative Transformation and Build-ups

1. A: Qǐngwèn, dào Měiguó Dàshǐguǎn zěnme zǒu?
   请问,到美国大使馆怎么走?

第十八课　问路

B: Yìzhí wǎng qián zǒu.
　　一直往前走。

Yǒuyì Shāngdiàn	友谊商店
huǒchē zhàn	火车站
Běijīng Xīzhàn	北京西站
kǎoyādiàn	烤鸭店
Gùgōng	故宫
Tiān'ānmén Guǎngchǎng	天安门广场
Wángfǔjǐng Dàjiē	王府井大街
Guójiā Bówùguǎn	国家博物馆
Xiùshuǐ Jiē	秀水街
Běijīng Dàxué	北京大学
fēijīchǎng	飞机场

2. A: Guǎi wānr ma?
　　拐弯儿吗？

　B: Dàole Yǒuyì Shāngdiàn, wǎng běi guǎi.
　　到了友谊商店，往北拐。

dōng	东
xī	西
nán	南
zuǒ	左
yòu	右

3. A: Yào zuò chē ma?
　　要坐车吗？

dǎ dī	打的
zuò wúguǐ diànchē	坐无轨电车
zuò dìtiě	坐地铁
zuò gōngjiāochē	坐公交车

　B: Bù xūyào. Zǒu 15 fēnzhōng jiù dào le.
　　不需要。走十五分钟就到了。

EEC中文快易通 2

生词 NEW WORDS

zěnme	怎么	(代)	how
zǒu	走	(动)	to go; to walk
dào...zěnme zǒu	到……怎么走		how to get to...
yìzhí	一直	(副)	straight
wǎng	往	(介)	toward; to
qián	前	(名)	front
guǎi	拐	(动)	to turn
wānr	弯儿	(名)	turn
yào	要	(动)	need; want
zuò	坐	(动)	to sit; to take (bus)
chē	车	(名)	vehicle
xūyào	需要	(动)	need
jiù	就	(副)	then, just
fēnzhōng	分钟	(名)	minute
Měiguó Dàshǐguǎn	美国大使馆	(专名)	US Embassy
Yǒuyì Shāngdiàn	友谊商店	(专名)	Friendship Store
huǒchē zhàn	火车站		train station
Běijīng Xīzhàn	北京西站	(专名)	Beijing West Railway Station
kǎoyādiàn	烤鸭店	(名)	Beijing Roast Duck Restaurant
Gùgōng	故宫	(专名)	Forbidding City or Palace Museum
Tiān'ānmén Guǎngchǎng	天安门广场	(专名)	Tian'anmen Square
Wángfǔjǐng Dàjiē	王府井大街	(专名)	Wangfujing Street
Guójiā Bówùguǎn	国家博物馆	(专名)	China National Museum
Xiùshuǐ Jiē	秀水街	(专名)	Xiushui/Silk Water Street
Běijīng Dàxué	北京大学	(专名)	Peking University
dōng	东	(名)	east
xī	西	(名)	west
nán	南	(名)	south

第十八课　问路

zuǒ	左	(名)	left
yòu	右	(名)	right
wúguǐ diànchē	无轨电车		trolleybus
dìtiě	地铁	(名)	subway
gōngjiāochē	公交车	(名)	public bus
mǎlù	马路	(名)	road; street
duìmiàn	对面	(名)	cross from; opposite
hónglǜdēng	红绿灯	(名)	traffic light

立竿见影
INSTANT AND EFFECTIVE PRACTICE

I. 短平快式交际会话 Short, Easy and Fast Dialogues

1. A: Qǐnwèn, dào Tiān'ānmén Guǎngchǎng zěnme zǒu?
    请问,到天安门广场怎么走?
   B: Yìzhí wǎng qián zǒu. / 一直往前走。
   A: Néng zuò chē ma? / 能坐车吗?
   B: Néng. / 能。
   A: Zuò shénme chē? / 坐什么车?
   B: Zuò dìtiě. / 坐地铁。

2. A: Qǐngwèn, zài nǎr zuò wúguǐ diànchē? / 请问,在哪儿坐无轨电车?
   B: Jiù zài qiánbiān. / 就在前边。
   A: Qiánbiān shénme dìfang? / 前边什么地方?
   B: Mǎlù duìmiàn. / 马路对面。

3. A: Qǐngwèn, chē dào Xiùshuǐ Jiē ma? / 请问,车到秀水街吗?
   B: Dào. Qǐng shàng chē. / 到。请上车。
   A: Jǐ fēnzhōng dào? / 几分钟到?

EEC中文快易通 2

B: Dàgài shíwǔ fēnzhōng. / 大概十五分钟。

4. A: Dào Yǒuyì Shāngdiàn zěnme zǒu? / 到友谊商店怎么走?

   B: Wǎng xī zǒu. / 往西走。

   A: Guǎi bu guǎi wānr? / 拐不拐弯儿?

   B: Zài qiánbiān hónglǜdēng wǎng yòu guǎi. / 在前边红绿灯往右拐。

   A: Zǒu jǐ fēnzhōng? / 走几分钟?

   B: Zǒu liù qī fēnzhōng jiù dào le. / 走六七分钟就到了。

II. 配对游戏 Match Game

1. chē / 车   a) airport
2. zǒu / 走   b) front
3. nán / 南   c) south
4. qián / 前   d) walk
5. fēnzhōng / 分钟   e) arrive
6. dào / 到   f) subway
7. xūyào / 需要   g) minute
8. huǒchēzhàn / 火车站   h) need
9. dìtiě / 地铁   i) vehicle
10. fēijīchǎng / 飞机场   j) train station

III. 交际互动 Communicative Exchange

1. A: Qǐngwèn, chē dào fēijīngchǎng ma?
      请问,车到飞机场吗?
   B: _____
   A: Jǐ fēnzhōng dào?
      几分钟到?
   B: _____

第十八课 问路

2. A: _____

   B: Zài qiánbiān.
      在前边。

   A: _____

   B: Guòle hónglǜdēng jiù shì.
      过了红绿灯就是。

3. A: Dào Yǒuyì Shāngdiàn zěnme zǒu?
      到友谊商店怎么走？

   B: _____

   A: Guǎi wānr ma?
      拐弯儿吗？

   B: _____

   A: Zǒu jǐ fēnzhōng?
      走几分钟？

   B: _____

4. A: _____

   B: Yìzhí wǎng qián zǒu.
      一直往前走。

   A: _____

   B: Néng.
      能。

   A: _____

   B: Zuò wúguǐ diànchē.
      坐无轨电车。

IV. 想一想，填一填 Fill in the Blanks with Proper Words

1. Dào Běijīng Dàxué (_____)?
   到北京大学(_____)？

2. (_____) kǎoyādiàn xūyào bu xūyào zuò chē?
   (_____)烤鸭店需要不需要坐车？

3. Běijīng Xīzhàn zài Běijīng de (_____) biān ma?
   北京西站在北京的(_____)边吗？

4. Dào Guójiā Bówùguǎn wǎng běi (　　　　).
   到国家博物馆往北(　　　　)。

5. Zài fēijīchǎng zuò (　　　　), 40 fēnzhōng dào Wángfǔjǐng Dàjiē.
   在飞机场坐(　　　　),40分钟到王府井大街。

6. Dào Gùgōng, yìzhí wǎng qián zǒu. Zài Tiān'ānmén Guǎngchǎng wǎng (　　　　) guǎi.
   到故宫,一直往前走。在天安门广场往(　　　　)拐。

V. 组词成句　Make Sentences with the Given Words

1. 北京大学(Běijīng Dàxué)　在(zài)　20分钟(20 fēnzhōng)　车(chē)　到(dào)　坐(zuò)　火车站(huǒchēzhàn)

2. 拐(guǎi)　到(dào)　往(wǎng)　国家(Guójiā)　博物馆(Bówùguǎn)　北(běi)

3. 无轨电车(wúguǐ diànchē)　在(zài)　坐(zuò)　请问(qǐngwèn)　哪儿(nǎr)

4. 公交车(gōngjiāochē)　需要(xūyào)　坐(zuò)　不(bu)

5. 北京(Běijīng)　在(zài)　还是(háishì)　的(de)　东边(dōngbiān)　飞机场(fēijīchǎng)　西边(xībiān)

VI. 译一译　Translate the Following into Chinese

1. A: Do you know how to get to the American Embassy?

   B: Go straight ahead.

   A: How many minutes does it take?

   B: 30 or 40 minutes on foot.

   A: Is it possible to take subway?

   B: Yes.

   A: Where is the subway station?

   B: Right cross the street, on your right.

第十八课 问路

A: I want to go to Beijing West Railway Station. How to get there?

B: You can take a bus.

A: Is it within walking distance?

B: Yes. Go to the east and then turn right.

A: How many turns?

B: Three turns.

A: I think I will take bus.

B: The bus stop is just on your left side.

A: Thanks.

B: You're welcome.

VII. 交际任务 Communicative Tasks

1. You are just out of the front gate of the Forbidden City. Ask directions to U.S. Embassy.

2. You are staying at Beijing Hotel and planning to visit a friend at Peking University. Ask directions.

3. Ask location of Tian'anmen Square.

4. At the Beijing Airport, you ask what's the best way to go to Beijing Hotel.

5. Ask a taxi driver how long it takes from Friendship Store to Qianmen Roast Duck Restaurant.

6. You've just finished a delicious dinner at Qianmen Roast Duck Restaurant and are heading for the Tea House near Tianqiao. Ask the host/hostess in the restaurant how to get there.

7. Role-play: during the Beijing 2008 Olympic Games, you serve as a volunteer and give directions to tourist/visitors.

8. Ask the Concierge at the hotel you are staying about how to go to different places in Beijing and what are the best and easiest ways to these places.

9. Carry on a conversation between a tourist and a taxi driver for directions.

10. You just get on a bus near Tian'anmen Square to go to Beihai Park. Ask the conductor where you need get off and how long it'll take you to get there.

Lesson 19   Eating in China
第十九课　吃在中国

Teaching Points

1. 比较——……不如……；……比……
   Comparison—...not as...as...; ... than...
2. 中国菜肴
   Chinese dishes

功能交际句型
Functional & Communicative Frames

1. A: Nǐmen yǒu shénme náshǒucài?
   B: Wǒmen yǒu Chuāncài.

1. A: 你们有什么拿手菜？
   B: 我们有川菜。

2. A: Chuāncài shì bu shì hěn là?
   B: Bùrú Húnáncài là.

2. A: 川菜是不是很辣？
   B: 不如湖南菜辣。

3. A: Èr wèi hē diǎnr shénme?
   B: Lái liǎng píng píjiǔ ba.

3. A: 二位喝点儿什么？
   B: 来两瓶啤酒吧。

交际转换扩展
Communicative Transformation and Build-ups

1. A: Nǐmen yǒu shénme náshǒucài?
      你们有什么拿手菜？

   B: Wǒmen yǒu **Chuāncài**.
      我们有**川菜**。

Lǔcài	鲁菜
Guǎngdōngcài	广东菜
Húnáncài	湖南菜
Cháozhōucài	潮州菜
Shànghǎicài	上海菜
Fúzhōucài	福州菜
Sūzhōucài	苏州菜
Hángzhōucài	杭州菜

36

第十九课　吃在中国

2. A: Chuāncài shì bu shì hěn là?
   川菜是不是很辣？

   B: Bùrú Húnáncài là.
   不如湖南菜辣。

méiyǒu	没有
bǐ	比

xián	咸
dàn	淡
tián	甜
kǔ	苦
suān	酸

3. A: Ní yào hē diǎnr shénme?
   您要喝点儿什么？

   B: Lái liǎng píng píjiǔ ba.
   来两瓶啤酒吧。

yì tīng Kělè	一听可乐
yì tīng Qīxǐ	一听七喜
yì tīng Xuěbì	一听雪碧
yì tīng chéngzhī	一听橙汁
yì píng Yānjīng píjiǔ	一瓶燕京啤酒
yì píng Wǔxīng píjiǔ	一瓶五星啤酒
yì píng kuàngquánshuǐ	一瓶矿泉水
yì bēi chá	一杯茶
yì bēi kāfēi	一杯咖啡
yì bēi bīngshuǐ	一杯冰水

生词 NEW WORDS

náshǒu	拿手	（形）	special
cài	菜	（名）	dishes
náshǒucài	拿手菜	（名）	special dishes
Chuāncài	川菜	（专名）	Sichuan dishes
là	辣	（形）	spicy
bùrú	不如	（动）	not as...as...
píng	瓶	（名）	bottle
píjiǔ	啤酒	（名）	beer
Lǔcài	鲁菜	（专名）	shandong dishes
Guǎngdōngcài	广东菜	（专名）	Guangdong dishes
Húnáncài	湖南菜	（专名）	Hunan dishes

EEC中文快易通 2

Cháozhōucài	潮州菜	(专名)	Chaozhou dishes
Shànghǎicài	上海菜	(专名)	Shanghai dishes
Fúzhōucài	福州菜	(专名)	Fuzhou dishes
Sūzhōucài	苏州菜	(专名)	Suzhou dishes
Hángzhōucài	杭州菜	(专名)	Hangzhou dishes
xián	咸	(形)	salty
dàn	淡	(形)	tasteless
tián	甜	(形)	sweet
kǔ	苦	(形)	bitter
suān	酸	(形)	sour
méiyǒu	没有	(动)	not as... as...
bǐ	比	(连)	than
tīng	听	(量)	tin
bēi	杯	(量)	cup; glass
Kělè	可乐	(名)	coca
Qīxǐ	七喜	(专名)	7-up
Xuěbì	雪碧	(专名)	Sprite
chéngzhī	橙汁	(名)	orange juice
Yānjīng píjiǔ	燕京啤酒	(专名)	Yanjing beer
Wǔxīng píjiǔ	五星啤酒	(专名)	Five-Star beer
kuàngquánshuǐ	矿泉水	(名)	mineral spring water
kāfēi	咖啡	(名)	coffee
bīngshuǐ	冰水	(名)	ice water

立竿见影
INSTANT AND EFFECTIVE PRACTICE

I. 短平快式交际会话 Short, Easy and Fast Dialogues

1. A: Nǐmen yǒu shénme náshǒucài? / 你们有什么拿手菜？
   B: Wǒmen de náshǒucài shì Lǔcài. / 我们的拿手菜是鲁菜。

第十九课 吃在中国

A: Lǔcài là bu là? / 鲁菜辣不辣？

B: Bú tài là. / 不太辣。

A: Bǐ Chuāncài là ma? / 比川菜辣吗？

B: Bùrú Chuāncài là. / 不如川菜辣。

2. A: Nǐmen chī diǎnr shénme? / 你们吃点儿什么？

B: Yǒu Guǎngdōngcài ma? / 有广东菜吗？

A: Yǒu. / 有。

B: Guǎngdōngcài shì bu shì hěn tián? / 广东菜是不是很甜？

A: Bùrú Shànghǎicài tián. / 不如上海菜甜。

B: Hǎo. Lái liǎng ge Guǎngdōngcài. / 好。来两个广东菜。

3. A: Qǐngwèn, nín yào diǎnr shénme? / 请问，您要点儿什么？

B: Lái yí ge Shànghǎicài. / 来一个上海菜。

A: Hē diǎnr shénme? / 喝点儿什么？

B: Yǒu Qīxǐ ma? / 有七喜吗？

A: Yǒu. Yào jǐ tīng? / 有。要几听？

B: Lái yì tīng. / 来一听。

4. A: Nǐmen de náshǒucài shì Lǔcài háishì Chuāncài?

你们的拿手菜是鲁菜还是川菜？

B: Dōu náshǒu. / 都拿手。

A: Lǔcài là háishì Chuāncài là? / 鲁菜辣还是川菜辣？

B: Chuāncài bǐ Lǔcài là. / 川菜比鲁菜辣。

A: Wǒ bù xǐhuan là. / 我不喜欢辣。

B: Nà jiù diǎn Lǔcài ba. / 那就点鲁菜吧。

EEC中文快易通 2

II. 配对游戏 Match Game

1. tián / 甜
2. bīngshuǐ / 冰水
3. Lǔcǎi / 鲁菜
4. là / 辣
5. náshǒucài / 拿手菜
6. píjiǔ / 啤酒
7. kuàngquánshuǐ / 矿泉水
8. bùrú / 不如
9. suān / 酸
10. chá / 茶

a) tea
b) beer
c) spicy
d) mineral spring water
e) sour
f) sweet
g) special dishes
h) ice water
i) not as... as
j) Shandong dishes

III. 交际互动 Communicative Exchange

1. A: Nǐmen yǒu shénme náshǒucài?
   你们有什么拿手菜？
   B: _____
   A: Yǒu méiyǒu Lǔcài?
   有没有鲁菜？
   B: _____

2. A: Nǐmen yào chī diǎnr shénme?
   你们要吃点儿什么？
   B: Yǒu Shànghǎicài ma?
   有上海菜吗？
   A: _____
   B: Shànghǎicài shì bu shì hěn tián?
   上海菜是不是很甜？
   A: _____
   B: Hǎo. Lái liǎng ge Shànghǎicài.
   好。来两个上海菜。

40

第十九课 吃在中国

3. A: _____

   B: Lái yí ge Fúzhōucài.
      来一个福州菜。

   A: Hē diǎnr shénme?
      喝点儿什么?

   B: Yǒu Qīxǐ ma?
      有七喜吗?

   A: _____

   B: Lái yì tīng.
      来一听。

4. A: Qǐngwèn, Húnáncài là bu là?
      请问,湖南菜辣不辣?

   B: _____

   A: Shāndōngcài ne?
      山东菜呢?

   B: _____

IV. 想一想,填一填 Fill in the Blanks with Proper Words

1. Nǐmen yǒu (　　　　) náshǒucài?
   你们有(　　　　)拿手菜?

2. Lái liǎng (　　　　) píjiǔ.
   来两(　　　　)啤酒。

3. Lǔcài là (　　　　) Chuāncài là?
   鲁菜辣(　　　　)川菜辣?

4. Nà jiù (　　　　) Lǔcài ba.
   那就(　　　　)鲁菜吧。

5. Lǔcài (　　　　) Chuāncài là.
   鲁菜(　　　　)川菜辣。

6. Guǎngdōngcài (　　　　) hěn tián?
   广东菜(　　　　)很甜?

V. 组词成句 Make Sentences with the Given Words

1. 你们(nǐmen)　什么(shénme)　点儿(diǎnr)　吃(chī)　要(yào)

41

2. 杭州菜(Hángzhōucài)　有(yǒu)　没有(méiyǒu)

3. 广东菜(Guǎngdōngcài)　辣(là)　湖南菜(Húnáncài)　还是(háishì)　辣(là)

4. 两(liǎng)　来(lái)　啤酒(píjiǔ)　瓶(píng)

VI. 译一译　Translate the Following into Chinese

1. A: What would you like to eat?　B: What's your special dish/house special?
   A: Hunan dishes.　B: Is it very spicy?
   A: Not very.　B: Okay. A Hunan dish please.

2. A: Do you have Shanghai dishes?　B: Yes, they are our house special dishes.
   A: I want to order one.　B: What would you like to drink?
   A: I want to have Five-star beer.　B: How many bottles?
   A: Two bottles please.

VII. 交际任务　Communicative Tasks

1. Order Lu dishes in a Chinese restaurant.
2. Ask flavor of Hunan dishes.
3. Order drinks at a restaurant or a tea house.
4. Compare Shanghai dishes to Hangzhou dishes.
5. Ask about special dishes of a restaurant.
6. Role-play: at a Chinese restaurant.
7. Give a brief introduction of typical Chinese dishes and different kinds of drinks.
8. You are a waiter/waitress in a Chinese restaurant. Tell the guest what kinds of special dishes your restaurant serves. Please describe flavor of each dishes.
9. Compare differences between Chinese dishes and tell what dishes you like most and why.

UNIT FOUR SUMMARY

ASK	ANSWER
Zài nǎr kěyǐ huàn rénmínbì?	Zài yínháng, fàndiàn huò jīchǎng.
Jīntiān de duìhuànlǜ shì duōshao?	Yì měiyuán duìhuàn 6 kuài 8 máo 4 rénmínbì.
Zài nǎr dǎ dī?	Jiù zài fàndiàn ménkǒu.
Chūzūchē zěnme shōu fèi?	Qǐjià 10 yuán, ránhòu měi gōnglǐ jiā shōu 2 kuài.
Cóng fàndiàn dào Wàitān duō yuǎn?	Dàgài 15 gōnglǐ.
Zài nǎr bànlǐ rùzhù shǒuxù?	Zài dàtīng.
Nín yùdìngle ma?	Wǒ yùdìngle yí ge biāozhǔn fángjiān.
Qǐng chūshì nín de shēnfènzhèng, hǎo ma?	Zhè shì wǒ de hùzhào.
Dào Měiguó Dàshǐguǎn zěnme zǒu?	Yìzhí wǎng qián zǒu.
Guǎi wānr ma?	Zài Yǒuyì Shāngdiàn wǎng běi guǎi.
Yào zuò chē ma?	Bù xūyào, zǒu 15 fēnzhōng jiù dào le.
Nǐmen yǒu shénme náshǒucài?	Wǒmen yǒu Chuāncài.
Chuāncài shì bu shì hěn là?	Bùrú Húnáncài là.
Hē shénme?	Lái liǎng píng píjiǔ ba.

UNIT FIVE　SHOPPING
第五单元　购物篇

Lesson 20　Buying Food
第二十课　买食物

教学提示

Teaching Points

1. 在哪儿……
   Where...
2. 就在……旁边
   Just beside...

功能交际句型
Functional & Communicative Frames

1. A: Qǐngwèn, zài nǎr mǎi miànbāo?
   B: Zài shípǐnbù.

2. A: Shuǐguǒbù zài nǎr?
   B: Jiù zài shípǐnbù pángbiān.

1. A: 请问,在哪儿买面包?
   B: 在食品部。

2. A: 水果部在哪儿?
   B: 就在食品部旁边。

交际转换扩展
Communicative Transformation and Build-ups

1. A: Qǐngwèn, zài nǎr mǎi miànbāo?
   请问,在哪儿买面包?

食物 Food	
nǎilào	奶酪
niúnǎi	牛奶
huángyóu	黄油
jīdàn	鸡蛋
shūcài	蔬菜
shuǐguǒ	水果

46

第二十课　买食物

B: Zài **shípǐnbù**.
在**食品部**。

食品销售部门 Food Departments	
nǎizhìpǐnbù	奶制品部
shúshíbù	熟食部
ròulèibù	肉类部
fùshíbù	副食部
shūcàibù	蔬菜部

2. A: Shuǐguǒbù zài nǎr?
水果部在哪儿？

B: Jiù zài shípǐnbù **pángbiān**.
就在食品部**旁边**。

zuǒbiān	左边
yòubiān	右边
qiánbiān	前边
hòubiān	后边
duìmiàn	对面

生词 NEW WORDS

shíwù	食物	（名）	food
miànbāo	面包	（名）	bread
shípǐnbù	食品部	（名）	food department
shuǐguǒbù	水果部	（名）	fruit department
pángbiān	旁边	（名）	beside
nǎilào	奶酪	（名）	cheese
niúnǎi	牛奶	（名）	milk
huángyóu	黄油	（名）	butter
jīdàn	鸡蛋	（名）	egg
shūcài	蔬菜	（名）	vegetable
shuǐguǒ	水果	（名）	fruit
nǎizhìpǐnbù	奶制品部	（名）	dairy department
shúshíbù	熟食部	（名）	cooked-food department
ròulèibù	肉类部	（名）	meat department
fùshíbù	副食部	（名）	grocery department
shūcàibù	蔬菜部	（名）	vegetable department
zuǒbiān	左边	（名）	left side

EEC中文快易通 2

yòubiān	右边	（名）	right side
qiánbiān	前边	（名）	front side
hòubiān	后边	（名）	behind side
mài	卖	（动）	to sell
màiwán le	卖完了	（短语）	to be sold out
mǎi	买	（动）	to buy

立竿见影
INSTANT AND EFFECTIVE PRACTICE

I. 短平快式交际会话 Short, Easy and Fast Dialogues

1. A: Qǐngwèn, zài nǎr mǎi niúnǎi? / 请问，在哪儿买牛奶？
   B: Zài nǎizhìpǐnbù. / 在奶制品部。
   A: Nǎizhìpǐnbù zài nǎr? / 奶制品部在哪儿？
   B: Wǎng qián zǒu. Zài zuǒbiān. / 往前走。在左边。
   A: Xièxie. / 谢谢。
   B: Bié kèqi. / 别客气。

2. A: Nǐmen yǒu méiyǒu xiā? / 你们有没有虾？
   B: Yǒu. / 有。
   A: Zài nǎr mǎi? / 在哪儿买？
   B: Zài hǎixiānbù. / 在海鲜部。

3. A: Wǒ yào mǎi jīdàn. / 我要买鸡蛋。
   B: Duìbuqǐ, jīdàn màiwán le. / 对不起，鸡蛋卖完了。
   A: Shénme shíhou yǒu? / 什么时候有？
   B: Míngtiān. / 明天。

第二十课　买食物

4. A: Wáng tàitai, nǐ zhīdao zài nǎr mǎi huángyóu ma?
   王太太，你知道在哪儿买黄油吗？

   B: Bù zhīdao, wènwen ba. / 不知道，问问吧。

   A: Búyòng. Wǒmen zìjǐ zhǎo ba. / 不用。我们自己找吧。

II. 配对游戏　Match Game

1. nǎilào / 奶酪　　　　　　a) egg
2. qiánbiān / 前边　　　　　b) butter
3. shuǐguǒ / 水果　　　　　c) fruit
4. shíwù / 食物　　　　　　d) seafood department
5. pángbiān / 旁边　　　　　e) food
6. zuǒbiān / 左边　　　　　f) bread
7. jīdàn / 鸡蛋　　　　　　g) front
8. miànbāo / 面包　　　　　h) left
9. hǎixiānbù / 海鲜部　　　i) beside
10. huángyóu / 黄油　　　　j) cheese

III. 交际互动　Communicative Exchange

1. A: Wǒ yào mǎi shuǐguǒ.
   我要买水果。

   B: _____

   A: Zài nǎr?
   在哪儿？

   B: _____

2. A: Qǐngwèn, zài nǎr mǎi nǎilào?
   请问，在哪儿买奶酪？

   B: _____

49

EEC 中文快易通 2

A: Nǎizhìpǐnbù zài nǎr?
奶制品部在哪儿？
B: _____
A: Xièxie.
谢谢。
B: _____

3. A: _____
   B: Yǒu.
   有。
   A: _____
   B: Zài hǎixiānbù.
   在海鲜部。

4. A: Xiǎo Zhāng, _____
   小张，
   B: Bù zhīdao.
   不知道。
   A: _____
   B: Búyòng. Wǒmen zìjǐ zhǎo ba.
   不用。我们自己找吧。

IV. 想一想，填一填 Fill in the Blanks with Proper Words

1. Nǐ zhīdao (　　　　　) mǎi jīdàn ma?
   你知道(　　　　)买鸡蛋吗？
2. Miànbāobù jiù (　　　　　) nǐ de zuǒbiān.
   面包部就(　　　　)你的左边。
3. Hǎixiānbù zài zuǒbiān (　　　　　) yòubiān?
   海鲜部在左边(　　　　)右边？
4. (　　　　　), zài nǎr mǎi huángyóu?
   (　　　　)，在哪儿买黄油？
5. Qǐngwèn, zài (　　　　　) mǎi miànbāo?
   请问，在(　　　　)买面包？
6. Shuǐguǒbù zài shūcàibù (　　　　　).
   水果部在蔬菜部(　　　　)。

50

第二十课　买食物

V. 组词成句　Make Sentences with the Given Words

1. 在(zài)　请问(qǐngwèn)　牛奶(niúnǎi)　哪儿(nǎr)　买(mǎi)

2. 肉类部(ròulèibù)　旁边(pángbiān)　在(zài)　奶制品部(nǎizhìpǐnbù)

3. 哪儿(nǎr)　奶制品部(nǎizhìpǐnbù)　在(zài)

4. 还是(háishì)　左边(zuǒbiān)　右边(yòubiān)　在(zài)　蔬菜部(shūcàibù)

5. 是不是(shì bu shì)　前边(qiánbiān)　奶制品部(nǎizhìpǐnbù)　在(zài)

6. 有(yǒu)　水果部(shuǐguǒbù)　蔬菜(shūcài)　没有(méiyǒu)

VI. 译一译　Translate the Following into Chinese

1. A: Excuse me, where to buy fruit?
   B: It's in fruit department.
   A: Where is fruit department?
   B: Straight ahead. It's on your right side.
   A: Thanks.
   B: you're welcome.

2. A: What do you want to buy?
   B: I want to buy cheese.
   A: Cheese is in dairy department.
   B: Is dairy department on the left or right side?
   A: On your right.
   A: How about eggs?
   B: Also in dairy department.

EEC中文快易通 2

VII. 交际任务 Communicative Tasks

1. Ask where to buy eggs in a grocery store.
2. Tell a shop assistant what you want to buy.
3. Show a shop assistant your grocery shopping list and ask where you can buy all the stuff.
4. Ask a shop assistant whether they have milk, etc.
5. Ask a shop assistant where you can find vegetables.
6. You are going to make a birthday cake for your friend and you ask a shop assistant where to buy all the materials you'll need to make the cake.
7. You are going to entertain your Chinese friends/colleagues with a western style dinner. You tell your maid a list of things you'll need to buy and ask her where she's going to buy them.
8. Role-play: You are a customer at a grocery store near Friendship Guest House. What will you ask the shop assistant and how s/he answers your questions.
9. You are preparing a Thanksgiving feast. Ask where you can buy all the stuff for the side dishes.
10. You've just found out the food stuff you want to buy had sold out. Start a conversation based on the situation and ask when the store will have what you want to buy.

Lesson 21　Buying Clothes
第二十一课　买衣服

教学提示 / **Teaching Points**

1. 号码——……多大号？
   Size—what size?
2. 颜色
   Color

 Functional & Communicative Frames

1. A: Nǐ yào mǎi shénme yīfu?
   B: Wǒ yào mǎi chènyī.

1. A: 你要买什么衣服？
   B: 我要买衬衣。

2. A: Nǐ chuān duō dà hàor de?
   B: Wǒ chuān zhōnghàor de.

2. A: 你穿多大号儿的？
   B: 我穿中号儿的。

3. A: Zhè jiàn hóngsè de zěnmeyàng?
   B: Hái kěyǐ, búguò wǒ bú tài xǐhuan hóng yánsè.

3. A: 这件红色的怎么样？
   B: 还可以，不过我不太喜欢红颜色。

交际转换扩展
Communicative Transformation and Build-ups

1. A: Nǐ yào mǎi shénme yīfu?
   你要买什么衣服？
   B: Wǒ yào mǎi chènyī.
   我要买衬衣。

máoyī	毛衣	dàyī	大衣
wàitào	外套	qípáo	旗袍
tángzhuāng	唐装	niúzǎikù	牛仔裤
xīfú	西服	T-xùshān	T恤衫
xiūxiánzhuāng	休闲装	píjiákè	皮夹克
yùndòngfú	运动服		

53

EEC中文快易通2

2. A: Nǐ chuān duō dà hàor de?
   你穿多大号儿的？

   B: Wǒ chuān zhōnghàor de.
   我穿中号儿的。

dàhàor	大号儿
xiǎohàor	小号儿
tèdàhàor	特大号儿
chāoxiǎohàor	超小号儿

3. A: Zhè jiàn hóngsè de zěnmeyàng?
   这件红色的怎么样？

   B: Hái kěyǐ, búguò wǒ bú tài xǐhuan hóngsè.
   还可以，不过我不太喜欢红色。

hēisè	黑色
báisè	白色
huángsè	黄色
lǜsè	绿色
lánsè	蓝色
kāfēisè	咖啡色
chéngsè	橙色
zǐsè	紫色

生词 NEW WORDS

yīfu	衣服	（名）	clothes
yánsè	颜色	（名）	color
chènyī	衬衣	（名）	shirt
hào	号	（名）	size
duō dà hào	多大号		what's size
zhōnghào	中号	（名）	M/medium size
hóngsè	红色	（名）	red
hái kěyǐ	还可以		not bad; passable
xǐhuan	喜欢	（动）	to like
máoyī	毛衣	（名）	sweater
wàitào	外套	（名）	jacket
tángzhuāng	唐装	（名）	Tang-style clothes
xīfú	西服	（名）	western-style clothes
xiūxiánzhuāng	休闲装	（名）	casual clothes
yùndòngfú	运动服	（名）	sportswear
dàyī	大衣	（名）	overcoat
qípáo	旗袍	（名）	Chinese-style dress; Qipao

第二十一课 买衣服

niúzǎikù	牛仔裤	（名）	jeans
T-xùshān	T恤衫	（名）	T-shirt
dàhào	大号	（名）	large size
xiǎohào	小号	（名）	small size
tèdàhào	特大号	（名）	extra large size
chāoxiǎohào	超小号	（名）	extra small size
hēisè	黑色	（名）	black
báisè	白色	（名）	white
huángsè	黄色	（名）	yellow
lǜsè	绿色	（名）	green
lánsè	蓝色	（名）	blue
kāfēisè	咖啡色	（名）	brown
chéngsè	橙色	（名）	orange
zǐsè	紫色	（名）	purple
píjiákè	皮夹克	（名）	leather jacket

立竿见影
INSTANT AND EFFECTIVE PRACTICE

I. 短平快式交际会话 — Short, Easy and Fast Dialogues

1. A: Qǐngwèn, nǐmen yǒu tángzhuāng ma? / 请问，你们有唐装吗？
   B: Yǒu. / 有。
   A: Zài nǎr mǎi? / 在哪儿买？
   B: Zài xīfúbù pángbiān. / 在西服部旁边。
   A: Xīfúbù zài nǎr? / 西服部在哪儿？
   B: Zài nǐ de yòubiān. / 在你的右边。

2. A: Wǒ yào mǎi yí jiàn qípáo. / 我要买一件旗袍。
   B: Nǐ chuān duō dà hàor de? / 你穿多大号儿的？

A: Wǒ yě bù zhīdao. / 我也不知道。
B: Wǒ kàn, nǐ chuān xiǎohàor de. / 我看,你穿小号儿的。

3. A: Wǒ yào mǎi yí jiàn wàitào. / 我要买一件外套。
   B: Nǐ yào shénme yánsè de? / 你要什么颜色的?
   A: Yǒu kāfēisè de ma? / 有咖啡色的吗?
   B: Yǒu. Duō dà hàor? / 有。多大号儿?
   A: Xiǎohàor. / 小号儿。

4. A: Nǐ mǎi shénme? / 你买什么?
   B: Wǒ xiǎng kànkan dàyī. / 我想看看大衣。
   A: Nǐ chuān duō dà hàor de? / 你穿多大号儿的?
   B: Tèdàhàor de. / 特大号儿的。
   A: Nǐ kàn zhè jiàn zěnmeyàng? / 你看这件怎么样?
   B: Yánsè bù héshì. Yǒu kāfēisè de ma? / 颜色不合适。有咖啡色的吗?
   A: Yǒu. / 有。

II. 配对游戏　Match Game

1. hóngsè / 红色　　　　　a) clothes
2. jiákè / 夹克　　　　　　b) to like
3. yánsè / 颜色　　　　　　c) red
4. lǜsè / 绿色　　　　　　d) white
5. zhōnghào / 中号　　　　e) western-style clothes
6. báisè / 白色　　　　　　f) medium size
7. yùndòngfú / 运动服　　　g) jacket
8. xīfú / 西服　　　　　　h) green
9. xǐhuan / 喜欢　　　　　i) color
10. yīfu / 衣服　　　　　　j) sportswear

第二十一课　买衣服

III. 交际互动　Communicative Exchange

1. A: _____

   B: Nǐ chuān duō dà hàor de?
   你穿多大号儿的？

   A: _____

   B: Wǒ kàn, nǐ kěyǐ chuān zhōnghàor de.
   我看，你可以穿中号儿的。

2. A: Qǐngwèn, nǐmen yǒu tángzhuāng ma?
   请问，你们有唐装吗？

   B: _____

   A: Zài nǎr mǎi?
   在哪儿买？

   B: _____

   A: Nánzhuāngbù zài nǎr?
   男装部在哪儿？

   B: _____

3. A: _____

   B: Wǒ xiǎng kànkan xiūxiánzhuāng.
   我想看看休闲装。

   A: _____

   B: Tèdàhàor de.
   特大号儿的。

   A: Zhè jiàn zěnmeyàng?
   这件怎么样？

   B: _____ 。　Yǒu kāfēisè de ma?
   有咖啡色的吗？

   A: _____

4. A: _____

   B: Nǐ yào shénme yánsè de?
   你要什么颜色的？

A: _____

B: Yǒu. Duō dà hàor de?
　　有。多大号儿的？

A: _____

IV. 想一想，填一填 Fill in the Blanks with Proper Words

1. Nǐ yào mǎi (　　　　　) yīfu?
   你要买(　　　　　)衣服？

2. Wǒ (　　　　　) xǐhuan zhè jiàn chènyī.
   我(　　　　　)喜欢这件衬衣。

3. Hóngsè de (　　　　　)?
   红色的(　　　　　)？

4. Zài (　　　　　) mǎi qípáo?
   在(　　　　　)买旗袍？

5. Wǒ yào mǎi (　　　　　) de xiūxiánzhuāng.
   我要买(　　　　　)的休闲装。

6. Yǒu (　　　　　) kāfēisè de dàyī?
   有(　　　　　)咖啡色的大衣？

V. 组词成句 Make Sentences with the Given Words

1. 买(mǎi)　红(hóng)　在(zài)　毛衣(máoyī)　哪儿(nǎr)

2. 穿(chuān)　小号儿的(xiǎohàor de)　还是(háishì)　中号儿的(zhōnghàor de)
   你(nǐ)

3. 喜欢(xǐhuan)　件(jiàn)　的(de)　唐装(tángzhuāng)　这(zhè)
   黑色(hēisè)　吗(ma)

4. 怎么样(zěnmeyàng)　来(lái)　件(jiàn)　T恤衫(T-xùshān)　的(de)
   那(nà)　红色(hóngsè)

第二十一课　买衣服

VI. 译一译　Translate the Following into Chinese

1. A: Excuse me, do you have sportswear?
   B: Yes. What's your size?
   A: I think it's large size.
   B: What do you think of this one?
   A: I don't like the color. Do you have blue ones?
   B: Yes. How about this?
   A: Not bad. I like it.

2. A: What do you want to buy?
   B: I want to buy a sweater. Do you have sweaters here?
   A: Yes. Sweaters are right there on your right side.
   B: Thanks.
   A: Sure.

VII. 交际任务　Communicative Tasks

1. You are buying a sweater in a department store. What will you ask/say?
2. Tell your customer what sizes and colors of clothes you have in your store.
3. State what styles and colors of clothes do you like or dislike and why.
4. Ask a sales clerk whether they have red Qipao, and tell what size and color do you wear and like.
5. Tell a shop assistant/sales clerk whether you like the clothes they show you.
6. Tell what types of clothes do you like or dislike and why.
7. You are buying clothes for your family members for Christmas/Chinese New Year. What do you ask the sales clerk and how does s/he answer. Carry on a conversation based on this situation.
8. Conversation: buying clothes at the Silk Water Market in Beijing.
9. Role-play: you are shopping for a beautiful Chinese Qipao but it's hard to find one that fits you. What do you ask and how does the sales clerk answer.

10. You've been living in Beijing for several years as an expatriate and you know the city backward and foreword. Your friend is visiting Beijing during the Olympic Games and you are serving as his/her tourist guide. Give his/her a brief introduction of all the shopping mall/center and where you can buy what and how you can do it, etc.

Lesson 22　Buying Shoes
第二十二课　买鞋

Teaching Points

1. 号码——……多大号？
   Size—what size?
2. 鞋的种类
   Types of shoes

功能交际句型
Functional & Communicative Frames

1. A: Qǐngwèn, nǐmen yǒu bùxié ma?
   B: Duìbuqǐ, méiyǒu.

1. A: 请问，你们有布鞋吗？
   B: 对不起，没有。

2. A: Nǐ yào duō dà hàor de?
   B: Sānshíbā hàor bàn.

2. A: 你要多大号儿的？
   B: 三十八号儿半。

3. A: Qǐng shìshi zhè shuāng.
   B: Zhèng héshì.

3. A: 请试试这双。
   B: 正合适。

交际转换扩展
Communicative Transformation and Build-ups

1. A: Qǐngwèn, nǐmen yǒu bùxié ma?
   请问，你们有布鞋吗？

píxié	皮鞋	dēngshānxié	登山鞋
liángxié	凉鞋	gāogēnxié	高跟鞋
tuōxié	拖鞋	xuēzi	靴子
yùndòngxié	运动鞋	xiūxiánxié	休闲鞋
wǎngqiúxié	网球鞋	míngpáixié	名牌鞋

61

B: Duìbuqǐ, méiyǒu.
对不起，没有。

2. A: Nǐ yào duō dà hàor de?
你要多大号儿的？

B: Wǒ yào sānshíbā hàor bàn de.
我要三十八号儿半的。

sānshíjiǔ hào	三十九号
sìshí hào	四十号
sānshíliù hào	三十六号

3. A: Qǐng shìshi zhè shuāng.
请试试这双。

B: Zhèng héshì.
正合适。

Yǒudiǎnr dà	有点儿大
Yǒudiǎnr xiǎo	有点儿小
Yǒudiǎnr jǐn	有点儿紧
Yǒudiǎnr sōng	有点儿松
Yǒudiǎnr féi	有点儿肥
Yǒudiǎnr shòu	有点儿瘦

生词 NEW WORDS

xié	鞋	（名）	shoes
bùxié	布鞋	（名）	cloth shoes
shì	试	（动）	to try
shuāng	双	（量）	pair
zhèng	正	（副）	just
héshì	合适	（形）	suitable
píxié	皮鞋	（名）	leather shoes
liángxié	凉鞋	（名）	sandal
tuōxié	拖鞋	（名）	sleeper
yùndòngxié	运动鞋	（名）	sports shoes
wǎngqiúxié	网球鞋	（名）	tennis shoes
dēngshānxié	登山鞋	（名）	hiking shoes
gāogēnxié	高跟鞋	（名）	high-heel shoes
xuēzi	靴子	（名）	boots
xiūxiánxié	休闲鞋	（名）	casual shoes
míngpáixié	名牌鞋	（名）	name-brand shoes

第二十二课　买鞋

yǒudiǎnr	有点儿	（副）	a little bit
xiǎo	小	（形）	small
jǐn	紧	（形）	tight
sōng	松	（形）	loose
féi	肥	（形）	wide; fat
shòu	瘦	（形）	narrow; thin
nǚshì	女式	（名）	female-styled

立竿见影
INSTANT AND EFFECTIVE PRACTICE

I. 短平快式交际会话　Short, Easy and Fast Dialogues

1. A: Nǐ yào mǎi shénme? / 你要买什么？
   B: Wǒ yào mǎi xié. / 我要买鞋。
   A: Nǐ zìjǐ chuān háishì biérén chuān? / 你自己穿还是别人穿？
   B: Wǒ zìjǐ chuān. / 我自己穿。
   A: Duō dà hàor? / 多大号儿？
   B: 42 hàor. / 42号儿。

2. A: Nín yào mǎi liángxié ma? / 您要买凉鞋吗？
   B: Duì. Yǒu méiyǒu nǚshì liángxié? / 对。有没有女式凉鞋？
   A: Yǒu. Nín shìshi zhè shuāng. / 有。您试试这双。
   B: Yǒudiǎnr jǐn. / 有点儿紧。
   A: Nín zài shìshi zhè shuāng. / 您再试试这双。
   B: Zhèng héshì. Wǒ mǎi zhè shuāng. Duōshao qián?
   　　正合适。我买这双。多少钱？
   A: 35 kuài. / 35块。

EEC 中文快易通 2

3. A: Qǐngwèn, nǐmen zhèr yǒu méiyǒu wǎngqiúxié?
   请问,你们这儿有没有网球鞋?

   B: Yǒu, nǐ yào duō dà hàor de? / 有,你要多大号儿的?

   A: 41 hàor. / 41 号儿。

   B: Duìbuqǐ, méiyǒu. Yǒu 42 hàor de. Nín yào bu yào?
   对不起,没有。有 42 号儿的。您要不要?

   A: Bú yào. Xièxie. / 不要。谢谢。

4. A: Qǐngwèn, zhèr yǒu tuōxié ma? / 请问,这儿有拖鞋吗?
   B: Wǒmen zhèr bú mài tuōxié. / 我们这儿不卖拖鞋。
   A: Zài nǎr néng mǎi tuōxié? / 在哪儿能买拖鞋?
   B: Wǒmen xiédiàn de dōngbiān. / 我们鞋店的东边。

II. 配对游戏 Match Game

1. píxié / 皮鞋   a) boots
2. dà / 大   b) small
3. yǒudiǎnr / 有点儿   c) pair
4. sōng / 松   d) big
5. héshì / 合适   e) to try
6. shuāng / 双   f) leather shoes
7. shòu / 瘦   g) a little bit
8. shì / 试   h) loose
9. xiǎo / 小   i) suitable
10. xuēzi / 靴子   j) narrow; thin

III. 交际互动 Communicative Exchange

1. A: _____
   B: Duì. Yǒu méiyǒu nǚshì liángxié?
   对。有没有女式凉鞋?

第二十二课　买鞋

A: _____

B: Yǒudiǎnr jǐn.
　　有点儿紧。

A: _____

B: Zhèng héshì. Duōshao qián?
　　正合适。多少钱？

A: _____

2. A: Nǐ mǎi shénme?
　　 你买什么？

B: _____

A: Nǐ zìjǐ chuān ma?
　　你自己穿吗？

B: _____

A: Duō dà hàor?
　　多大号儿？

B: _____

3. A: Qǐngwèn, nǐmen zhèr yǒu méiyǒu liángxié?
　　 请问，你们这儿有没有凉鞋？

B: _____

A: 41 hàor bàn.
　　41号儿半。

B: Duìbuqǐ. Méiyǒu 41 hàor bàn de. Yǒu 42 hàor de. Nín yào ma?
　　对不起。没有41号儿半的。有42号儿的。您要吗？

A: _____

4. A: Qǐngwèn, zài nǎr mǎi bùxié?
　　 请问，在哪儿买布鞋？

B: _____

A: Bùxiédiàn zài nǎr?
　　布鞋店在哪儿？

B: _____

EEC中文快易通 2

IV. 想一想,填一填 Fill in the Blanks with Proper Words

1. Qǐngwèn, yǒu dēngshānxié (　　　　)?
   请问,有登山鞋(　　　　)?

2. Nǐ kàn, zhè (　　　　) zěnmeyàng?
   你看,这(　　　　)怎么样?

3. Wǒ (　　　　) xǐhuan hóng píxié.
   我(　　　　)喜欢红皮鞋。

4. Zhè shuāng tuōxié yǒudiǎnr (　　　　).
   这双拖鞋有点儿(　　　　)。

5. Wǎngqiúxié zài nǎr (　　　　)?
   网球鞋在哪儿(　　　　)?

6. 40 hàor (　　　　) xiǎo. Yǒu 41 hàor de ma?
   40号儿(　　　　)小。有41号儿的吗?

V. 组词成句 Make Sentences with the Given Words

1. 有点儿(yǒudiǎnr)　大(dà)　这(zhè)　凉鞋(liángxié)　双(shuāng)

2. 要(yào)　39号(39 hào)　的(de)　拖鞋(tuōxié)　红(hóng)　我(wǒ)

3. 什么(shénme)　你们(nǐmen)　运动鞋(yùndòngxié)　有(yǒu)

4. 合适(héshì)　双(shuāng)　这(zhè)　不(bù)　高跟鞋(gāogēnxié)

VI. 译一译 Translate the Following into Chinese

1. A: Would you like to buy hiking shoes?

   B: Yes.

   A: What's your size?

   B: I don't know. What size do you think I wear?

   A: Size 41 would fit you. Try this pair.

   B: A little tight.

   A: How about size 41.5?

   B: Size 41.5 fits me perfect.

第二十二课　买鞋

2. A: What do you want to buy?

   B: I want to buy boots for my wife.

   A: What's her size?

   B: Size 9.

   A: How about this pair?

   B: She doesn't like red color. Do you have black ones?

   A: Yes, how about this pair?

   B: Not bad.

VII. 交际任务 Communicative Tasks

1. You are buying a pair of boots in a department store. Make a conversation between you and sales clerk.

2. Tell a shoe sales clerk of your size and ask to try different colors.

3. Tell your friend who is shopping with you about your favorite color and ask the shoe sales clerk to get one for you. Don't forget to tell him/her your size.

4. You want to buy yourself a pair of comfortable cotton shoes. Ask a shop assistant in the department store whether you can find/buy cotton shoes.

5. Tell a shoe sale clerk whether the shoes s/he's found for you fit you or not.

6. Discuss with your friends about name brand shoes. What are they?

7. What types of name brand shoes do the world famous sportswear companies produce? Which brand do you like or dislike. Why?

8. You are at the shoe department in a department store and you want to buy different types of shoes. Start a conversation with a shoe sales clerk based on the situation.

9. The shoes the sales clerk asks you to try on do not fit you in terms of size, color and style. What do you say to him/her?

10. You are buying shoes for each member of your family, old and young, man and female. What do you ask the sales clerk?

Lesson 23 Buying Telephone/Calling Card
第二十三课 买电话卡

教学提示

Teaching Points

1. 每分钟多少钱？
   How much per minute?
2. 电话卡
   Different types of calling cards

功能交际句型
Functional & Communicative Frames

1. A: Nǐmen yǒu shénme diànhuàkǎ?
   B: Wǒmen yǒu IC kǎ.
   A: IC kǎ kěyǐ dǎ shǒujī, zuòjī háishì gōnggòng diànhuà?
   B: Dōu kěyǐ.

2. A: Duōshao qián yì zhāng?
   B: Wǒmen yǒu sānshí yuán hé wǔshí yuán yì zhāng de.

3. A: Měi fēnzhōng duōshao qián?
   B: Shìnèi tōng huà sān máo, guónèi chángtú wǔ máo, guójì chángtú liǎng yuán.

1. A: 你们有什么电话卡？
   B: 我们有 IC 卡。
   A: IC 卡可以打手机、座机还是公共电话？
   B: 都可以。

2. A: 多少钱一张？
   B: 我们有三十元和五十元一张的。

3. A: 每分钟多少钱？
   B: 市内通话三毛，国内长途五毛，国际长途两元。

第二十三课　买电话卡

交际转换扩展
Communicative Transformation and Build-ups

1. A: Nǐmen yǒu shénme diànhuàkǎ?
   你们有什么电话卡？
   B: Wǒmen yǒu IC kǎ.
   我们有 IC 卡。

diànhuà chōngzhí kǎ	电话充值卡
cíkǎ	磁卡
IP kǎ	IP 卡
wǎngluò diànhuàkǎ	网络电话卡
quánqiútōng kǎ	全球通卡
201 diànhuàkǎ	201 电话卡

2. A: Duōshao qián yì zhāng?
   多少钱一张？
   B: Wǒmen yǒu sānshí yuán yì zhāng de.
   我们有三十元一张的。

wǔshí yuán	五十元
yìbǎi yuán	一百元

3. A: Měi fēnzhōng duōshao qián?
   每分钟多少钱？
   B: Shìnèi tōnghuà sān máo.
   市内通话三毛。

   guónèi chángtú wǔ máo
   国内长途五毛
   guójì chángtú liǎng kuài wǔ
   国际长途两块五

生词 NEW WORDS

diànhuàkǎ	电话卡	（名）	calling card
IC kǎ	IC 卡		Integrate Circuit card
zuòjī	座机	（名）	fixed phone
gōnggòng diànhuà	公共电话		public phone; pay phone
zhāng	张	（量）	*measure word*
měi	每	（代）	each; every
shìnèi	市内	（名）	local
tōng huà	通话		(phone) connection
guónèi	国内	（名）	domestic
chángtú	长途	（名）	long distance
guójì	国际	（名）	international

EEC中文快易通 2

chōngzhí kǎ	充值卡	（名）	rechargeable prepaid card
IP kǎ	IP 卡		Internet Protocol card
wǎngluò diànhuàkǎ	网络电话卡		internet calling card
quánqiútōng kǎ	全球通卡		global communications card

立竿见影
INSTANT AND EFFECTIVE PRACTICE

I. 短平快式交际会话 — Short, Easy and Fast Dialogues

1. A: Qǐngwèn, nǐmen zhèr yǒu diànhuàkǎ ma? / 请问，你们这儿有电话卡吗？
   B: Nǐ yào nǎ zhǒng? / 你要哪种？
   A: Yǒu 100 kuài yì zhāng de ma? / 有100块一张的吗？
   B: Yǒu. Yào jǐ zhāng? / 有。要几张？
   A: Yào sān zhāng. / 要三张。

2. A: Diànhuàkǎ zěnme mài? / 电话卡怎么卖？
   B: Yǒu 30 kuài, 50 kuài, 100 kuài hé 200 kuài de.
      有30块，50块，100块和200块的。
   A: Dǎ shìnèi diànhuà duōshao qián yì fēnzhōng?
      打市内电话多少钱一分钟？
   B: Měi fēnzhōng 3 máo qián. / 每分钟3毛钱。
   A: Dǎ guónèi chángtú ne? / 打国内长途呢？
   B: Měi fēnzhōng 5 máo. / 每分钟5毛。
   A: Guójì chángtú ne? / 国际长途呢？
   B: Měi fēnzhōng liǎng kuài wǔ. / 每分钟两块五。

3. A: Wǒ yào mǎi diànhuàkǎ. / 我要买电话卡。
   B: Dǎ shìnèi háishì guónèi chángtú? / 打市内还是国内长途？

第二十三课 买电话卡

A: Shìnèi. Nǎ zhǒng zuì hǎo? / 市内。哪种最好？

B: IC kǎ. / IC 卡。

A: Hǎo ba, wǒ mǎi yì zhāng IC kǎ. / 好吧，我买一张 IC 卡。

4. A: Qǐngwèn, yǒu guójì chángtú diànhuàkǎ ma? / 请问，有国际长途电话卡吗？

B: Yǒu, dǎ nǎ ge guójiā? / 有，打哪个国家？

A: Dǎ Měiguó. Měi fēnzhōng duōshao qián? / 打美国。每分钟多少钱？

B: Liǎng kuài wǔ./ 两块五。

II. 配对游戏 Match Game

1. guójì / 国际   a) local
2. diànhuàkǎ / 电话卡   b) each
3. shìnèi / 市内   c) domestic
4. chángtú / 长途   d) connection
5. měi / 每   e) calling card
6. zhāng / 张   f) long distance
7. tōng huà / 通话   g) international
8. guónèi / 国内   h) *measure word*

III. 交际互动 Communicative Exchange

1. A: Wǒ yào mǎi diànhuàkǎ.
   我要买电话卡。

   B: Dǎ shìnèi háishì guónèi chángtú?
   打市内还是国内长途？

   A: _____

   B: IC kǎ.
   IC 卡。

   A: _____

71

2. A: _____
   B: Nǐ yào nǎ zhǒng?
      你要哪种？
   A: _____
   B: Yǒu. Yào jǐ zhāng?
      有。要几张？
   A: _____

3. A: Qǐngwèn, yǒu guójì chángtú diànhuàkǎ ma?
      请问，有国际长途电话卡吗？
   B: _____
   A: Dǎ Yìdàlì. Měi fēnzhōng duōshao qián?
      打意大利。每分钟多少钱？
   B: _____

4. A: Diànhuàkǎ zěnme mài?
      电话卡怎么卖？
   B: _____
   A: Dǎ shìnèi duōshao qián yì fēnzhōng?
      打市内多少钱一分钟？
   B: _____
   A: Dǎ guónèi hé guójì chángtú ne?
      打国内和国际长途呢？
   B: _____

IV. 想一想，填一填 Fill in the Blanks with Proper Words

1. Wǒ mǎi liǎng (_____) 50 yuán de diànhuàkǎ.
   我买两(_____)50元的电话卡。

2. Shìnèi tōnghuà (_____) fēnzhōng sān máo.
   市内通话(_____)分钟三毛。

3. Guójì chángtú zěnme (_____)?
   国际长途怎么(_____)？

4. Nǐmen dōu yǒu (_____) diànhuàkǎ?
   你们都有(_____)电话卡？

5. Dǎ Měiguó, (_____) yì fēnzhōng?
   打美国，(_____)一分钟？

第二十三课　买电话卡

6. Wǒ mǎi wǔ (　　　　　) 100 yuán de IC kǎ.
   我买五(　　　　)100元的IC卡。

V. 组词成句　Make Sentences with the Given Words

1. 多少钱(duōshao qián)　一(yī)　电话卡(diànhuàkǎ)　张(zhāng)

2. 要(yào)　国际(guójì)　我(wǒ)　长途(chángtú)　打(dǎ)

3. 有(yǒu)　电话卡(diànhuàkǎ)　什么(shénme)　这儿(zhèr)　你们(nǐmen)

4. 怎么(zěnme)　国际(guójì)　打(dǎ)　长途(chángtú)　收费(shōu fèi)

5. 打(dǎ)　还是(háishì)　你(nǐ)　国内(guónèi)　国际(guójì)　长途(chángtú)

6. 卖(mài)　电话卡(diànhuàkǎ)　你们(nǐmen)　不(bú)　卖(mài)

VI. 译一译　Translate the Following into Chinese

1. A: May I ask, what kind of calling cards do you have?
   B: We have many kinds.
   A: I want to call Canada. What card is better?
   B: IC card.
   A: How do you sell?
   B: 50 yuan, 100 yuan, or 200 yuan a card.
   A: Two 50 yuan IC cards please.

2. A: How to make a long distance call?
   B: Are you calling domestically or internationally?
   A: Domestic.
   B: To where?
   A: To Shanghai.
   B: You need to buy an IC card.

A: How much per minute?

B: 10 cents a minute.

VII. 交际任务 Communicative Tasks

1. You are buying a calling/phone card. What do you ask/say?
2. Ask what types of calling cards the card's seller has and how much for each.
3. Ask about costs of calling to U.S. with a calling/phone card.
4. Ask about costs of making a local, domestic or international long distance phone call.
5. Ask how to call to France with your IC or IP card.
6. You are a calling/phone card seller. Describe/explain the function and costs of different cards and rate per minute to a customer.
7. You just arrived in the U.S. and want to buy a phone card to call your folks in China. What do you want to know and ask regarding making an international long distance call from U.S. to China.
8. Find out where to buy an internet calling card in China, what kinds of phone cards are sold in China, how to use them and what the rate is per minute for each card, etc.
9. You bring your laptop for a business trip in China and you'd like to make international long distance calls to your folks at home. How do you shop for an internet phone card?
10. You've just arrived in Shanghai and would like to buy a global communications card for your cellular phone. How do you find out?

Lesson 24　Buying Electronic Devices
第二十四课　买电器

Teaching Points

1. 又能看,又能听
   Can listen and read
2. 电器种类
   Types of electronic devices

功能交际句型
Functional & Communicative Frames

1. A: Nǐmen zhèr mài shénme diànqì?
   B: Wǒmen yǒu Hǎoyìtōng diànzǐ cídiǎn.

2. A: Zhè zhǒng diànzǐ cídiǎn hǎo yòng ma?
   B: Fēicháng hǎo yòng. Yòu néng kàn, yòu néng tīng, yě néng xiě.

3. A: Dǎ bu dǎ zhé?
   B: Zhè ge xīngqī dǎ bā zhé.

1. A: 你们这儿卖什么电器？
   B: 我们有好译通电子词典。

2. A: 这种电子词典好用吗？
   B: 非常好用。又能看,又能听,也能写。

3. A: 打不打折？
   B: 这个星期打八折。

交际转换扩展
Communicative Transformation and Build-ups

1. A: Nǐmen zhèr mài shénme diànqì?
   你们这儿卖什么电器？

EEC中文快易通 2

B: Wǒmen yǒu Hǎoyìtōng diànzǐ cídiǎn
我们有好译通电子词典。

Mp3	Mp3
shùmǎ jìngkuàng	数码镜框
shùmǎ zhàoxiàngjī	数码照相机
shùmǎ lùxiàngjī	数码录像机
DVD fàngyìngjī	DVD 放映机
CD bōfàngjī	CD 播放机
diànshì	电视
diànhuà	电话
shǒutí diànnǎo	手提电脑
táishì diànnǎo	台式电脑
shǒujī	手机

2. A: Zhè zhǒng diànzǐ cídiǎn hǎo yòng ma?
   这种电子词典好用吗？

   B: Fēicháng hǎo yòng. Yòu néng kàn, yòu néng tīng.
   非常好用。又能看，又能听。

Yòu yǒu Zhōngwén, yòu yǒu Yīngwén
又有中文，又有英文
Yòu yǒu Hànzì, yòu yǒu pīnyīn
又有汉字，又有拼音
Yòu yǒu pǔtōnghuà, yòu yǒu Guǎngdōnghuà
又有普通话，又有广东话
yòu fāngbiàn, yòu piányi
又方便，又便宜
Yòu yǒu shēngyīn, yòu yǒu wénzì
又有声音，又有文字
Yòu néng fàng, yòu néng lù
又能放，又能录
Yòu néng tīng, yòu néng xiě
又能听，又能写

3. A: Dǎ bu dǎ zhé?
   打不打折？

   B: Zhè ge xīngqī dǎ bā zhé.
   这个星期打八折。

zhè ge yuè	这个月
jīntiān	今天
xià ge xīngqī	下个星期
guò liǎng tiān	过两天

第二十四课　买电器

生词 NEW WORDS

diànqì	电器	(名)	electronic device
diànzǐ cídiǎn	电子词典	(名)	electronic dictionary
yòng	用	(动)	to use
hǎo yòng	好用		easy to use
yòu...yòu...	又……又……	(连)	both... and...
shùmǎ jìngkuàng	数码镜框		digital picture frame
shùmǎ zhàoxiàngjī	数码照相机		digital camera
shùmǎ lùxiàngjī	数码录像机		digital VCR
fàngyìngjī	放映机	(名)	video player
bōfàngjī	播放机	(名)	player
diànshì	电视	(名)	TV
diànhuà	电话	(名)	phone
shǒutí diànnǎo	手提电脑		laptop
táishì diànnǎo	台式电脑		desktop
shǒujī	手机	(名)	cell phone
fāngbiàn	方便	(形)	convenient
piányi	便宜	(形)	inexpensive
shēngyīn	声音	(名)	sound
wénzì	文字	(名)	word
fàng	放	(动)	to play
lù	录	(动)	to record
zhè ge yuè	这个月		this month
xià ge xīngqī	下个星期		next week
guò liǎng tiān	过两天		in a couple days

77

EEC中文快易通 2

立竿见影
INSTANT AND EFFECTIVE PRACTICE

I. 短平快式交际会话 Short, Easy and Fast Dialogues

1. A: Qǐngwèn, nǐmen yǒu méiyǒu diànzǐ cídiǎn? / 请问,你们有没有电子词典?
   B: Yǒu. Nín yào shénme yàng de? / 有。您要什么样的?
   A: Yǒu Hǎoyìtōng ma? / 有好译通吗?
   B: Yǒu. / 有。
   A: Duōshao qián? / 多少钱?
   B: 600 Yuán. / 600 元。
   A: Dǎ zhé ma? / 打折吗?
   B: Bù dǎ zhé. / 不打折。
   A: Shénme shíhou dǎ zhé? / 什么时候打折?
   B: Bù zhīdào. Mǎi ma? / 不知道。买吗?
   A: Děng dǎ zhé de shíhou zài mǎi ba. / 等打折的时候再买吧。

2. A: Nín mǎi shénme? / 您买什么?
   B: Wǒ xiǎng kànkan DVD fàngyìngjī. / 我想看看 DVD 放映机。
   A: Nín kàn zhè zhǒng zěnmeyàng? / 您看这种怎么样?
   B: Hǎo yòng ma? / 好用吗?
   A: Hǎo yòng jíle. Yòu néng fàng yòu néng lù. / 好用极了。又能放又能录。
   B: Hǎo. Wǒ mǎi yì tái. / 好。我买一台。

3. A: Wǒ xiǎng kànkan shùmǎ zhàoxiàngjī. / 我想看看数码照相机。
   B: Wǒmen yǒu hěnduō zhǒng. Nín xiǎng kàn nǎ zhǒng?
   我们有很多种。您想看哪种?
   A: Nǎ zhǒng yòu piányi yòu fāngbiàn? / 哪种又便宜又方便?
   B: Zhè zhǒng zěnmeyàng? / 这种怎么样?
   A: Hǎo yòng bu hǎo yòng? / 好用不好用?

78

第二十四课 买电器

B: Fēicháng hǎo yòng. / 非常好用。

A: Nà jiù mǎi zhè zhǒng ba. / 那就买这种吧。

4. A: Zhè wèi xiānsheng, yào mǎi shǒujī ma? / 这位先生,要买手机吗?

   B: Duì. / 对。

   A: Nín xǐhuan nǎ zhǒng kuǎnshì de? / 您喜欢哪种款式(style/model)的?

   B: Wǒ xiǎng mǎi piányi de. / 我想买便宜的。

   A: Zhè zhǒng zhèng héshì. / 这种正合适。

   B: zhēnde? / 真的?

   A: Zhè zhǒng zhè ge xīngqī dǎ bā zhé. / 这种这个星期打八折。

   B: Tài hǎo le. Wǒ mǎi liǎng ge. Yí ge gěi wǒ zìjǐ, yí ge gěi wǒ tàitai.
   太好了。我买两个。一个给我自己,一个给我太太。

II. 配对游戏 Match Game

1. shùmǎ zhàoxiàngjī / 数码照相机   a) phone
2. dǎ zhé / 打折   b) easy to use
3. diànshì / 电视   c) convenient
4. shǒujī / 手机   d) dictionary
5. fāngbiàn / 方便   e) inexpensive
6. hǎo yòng / 好用   f) digital camera
7. piányi / 便宜   g) discount
8. shēngyīn / 声音   h) TV
9. cídiǎn / 词典   i) sound
10. diànhuà / 电话   j) cellular phone

III. 交际互动 Communicative Exchange

1. A: _____

   B: Yǒu. Nín yào shénme yàng de?
   有。您要什么样的?

EEC中文快易通 2

A: _____
B: Yǒu.
   有。
A: _____
B: 150 Yuán.
   150元。
A: _____
B: Dǎ jiǔ zhé.
   打九折。

2. A: Nín xiǎng kàn shénme?
      您想看什么？
   B: _____
   A: Wǒmen yǒu hěnduō zhǒng. Nín xiǎng kàn nǎ zhǒng?
      我们有很多种。您想看哪种？
   B: _____
   A: Zhè zhǒng zěnmeyàng?
      这种怎么样？
   B: _____
   A: Fēicháng hǎo yòng.
      非常好用。
   B: _____

3. A: Nín mǎi shénme?
      您买什么？
   B: _____
   A: Nín kàn zhè zhǒng zěnmeyàng?
      您看这种怎么样？
   B: _____
   A: Yòu yǒu Zhōngwén, yòu yǒu Yīngwén.
      又有中文，又有英文。
   B: _____
   A: 450 yuán.
      450元。

4. A: Mǎi diànzǐ cídiǎn ma?
      买电子词典吗？
   B: _____

第二十四课 买电器

A: Nín xǐhuan nǎ zhǒng de?
   您喜欢哪种的？
B: _____
A: Duìbuqǐ, wǒmen méiyǒu.
   对不起，我们没有。
B: _____
A: Nín qù Xīdān Túshū Dàshà kànkan ba.
   您去西单图书大厦看看吧。
B: _____

IV. 想一想，填一填 Fill in the Blanks with Proper Words

1. Wǒmen yǒu (　　　　　) zhǒng. Nín xiǎng kàn nǎ zhǒng?
   我们有(　　　　)种。您想看哪种？
2. Nín kàn zhè zhǒng (　　　　　)?
   您看这种(　　　　)？
3. Zhè zhǒng shǒujī yòu (　　　　　) yòu (　　　　　).
   这种手机又(　　　　)又(　　　　)。
4. Xià xīngqī wǒmen de shùmǎ lùxiàngjī (　　　　　) bā zhé.
   下星期我们的数码录像机(　　　　)八折。
5. Qǐngwèn, zài nǎr mǎi (　　　　　)?
   请问，在哪儿买(　　　　)？
6. Zhè (　　　　　) diànshì hǎo yòng bu hǎo yòng?
   这(　　　　)电视好用不好用？

V. 组词成句 Make Sentences with the Given Words

1. 又有汉字(yòu yǒu Hànzì)　这(zhè)　电子词典(diànzǐ cídiǎn)
   又有拼音(yòu yǒu pīnyīn)　种(zhǒng)

2. 打折(dǎ zhé)　手提(shǒutí)　电脑(diànnǎo)　我们(wǒmen)
   下个月(xià ge yuè)　的(de)

3. 哪(nǎ)　电话(diànhuà)　种(zhǒng)　请问(qǐngwèn)　好用(hǎo yòng)

4. DVD(DVD)　光碟(guāngdié)　买(mǎi)　哪儿(nǎr)　在(zài)

81

EEC中文快易通2

VI. 译一译 Translate the Following into Chinese

1. A: Do you have digital cameras?

   B: We have many kinds. Which one do you like?

   A: I want one that has both Chinese characters and pinyin.

   B: We have. Do you like this one?

   A: Let me look. Is it easy to use?

   B: Very easy to use. You'll know how to use it within 5 minutes.

   A: Really? I'll buy it then.

2. A: What do you want to buy?

   B: I want to buy a cellular phone.

   A: All cellular phones are on sale this week.

   B: May I take a look at that one?

   A: Which one?

   B: The one on the left side.

   A: What do you think of it?

   B: It was 200 yuan. After discount, you pay 160 yuan.

   A: Good. I'll buy it.

VII. 交际任务 Communicative Tasks

1. Ask a shop assistant whether they have discount on cellular phones.

2. Ask a shop assistant about functions of their CD players.

3. Ask a shop assistant when they will have discount on laptops.

4. Tell a shop assistant what kind of electronic dictionary you need.

5. Ask a shop assistant what kind of electronic devices they have to help you learn Chinese better.

6. Carry on a conversation between you and a sales clerk on the topic of buying and selling electronic devices.

第二十四课　买电器

7. At an electronic device exhibition, you are negotiating with a potential buyer of your electronic product. The potential buyer insists that you lower the price by giving him/her 20% discount. You are trying to convince your potential clients that your products are so popular with good quality and welcomed that you do not need to offer any discount for your product. Mock the negotiation process.

8. You are shopping in the Electronic Device Department at Xidan Book Building for a good electronic dictionary. There are so many kinds and they are all very good in quality, style and appearance. You cannot make up your mind as to which one to buy so you turn to the sales clerk for help. Carry on a conversation between you and the sales clerk.

9. At Guangzhou Trade Fair, you are representing your company to promote your new electronic device. What would you say in your brief introduction of your new product to the potential buyer?

10. Describe the function of a digital picture frame, electronic dictionary, Mp3, etc. How can these electronic devices help you learn and improve your Chinese.

Lesson 25 Buying Gifts
第二十五课 买礼品

教学提示

Teaching Points

1. 什么礼品最好？
   What's the best gift?
2. 听说……
   I heard that...
3. 给我爸爸
   For my father
4. 我看
   In my opinion

功能交际句型
Functional & Communicative Frames

1. A: Shénme lǐpǐn dài huí Měiguó zuì hǎo?
   B: Tīngshuō Zhōngguó sīchóu hěn shòu huānyíng.

   1. A: 什么礼品带回美国最好？
      B: 听说中国丝绸很受欢迎。

2. A: Gěi wǒ bàba mǎi shénme hǎo ne?
   B: Wǒ kàn, mǎi zhēnsī lǐngdài ba.

   2. A: 给我爸爸买什么好呢？
      B: 我看，买真丝领带吧。

3. A: Nǐ dǎsuan mǎi shénme?
   B: Wǒ dǎsuan gěi wǒ tàitai mǎi yí tào shuìyī.

   3. A: 你打算买什么？
      B: 我打算给我太太买一套睡衣。

交际转换扩展
Communicative Transformation and Build-ups

1. A: Shénme lǐpǐn dài huí Měiguó zuì hǎo?
   什么礼品带回美国最好？

第二十五课　买礼品

B: Tīngshuō Zhōngguó sīchóu hěn shòu huānyíng.
听说中国丝绸很受欢迎。

cháyè	茶叶
xiàngliàn	项链
ěrhuán	耳环
yùqì	玉器
zhēnzhū	珍珠
cìxiù	刺绣
bìtǎn	壁毯
guàtǎn	挂毯
jiǎnzhǐ	剪纸
huàr	画儿
cíqì	瓷器
chájù	茶具

2. A: Gěi wǒ bàba mǎi shénme hǎo ne?
    给我爸爸买什么好呢？
   B: Wǒ kàn, háishì mǎi zhēnsī lǐngdài ba.
    我看，还是买真丝领带吧。

shuìyī	睡衣
wéijīn	围巾
chènyī	衬衣
shǒutíbāo	手提包
máoyī	毛衣

3. A: Nǐ dǎsuan mǎi shénme?
    你打算买什么？
   B: Wǒ dǎsuan gěi wǒ tàitai mǎi yí tào shuìyī.
    我打算给我太太买一套睡衣。

yì hé cháyè	一盒茶叶
yí chuàn xiàngliàn	一串项链
yí fù ěrhuán	一副耳环
yí jiàn yùqì	一件玉器
yí chuàn zhēnzhū	一串珍珠
yì fú cìxiù	一幅刺绣
yí jiàn bìtǎn	一件壁毯
yí tào jiǎnzhǐ	一套剪纸
yì fú huà	一幅画
yí tào cíqì	一套瓷器
yí tào chájù	一套茶具

EEC 中文快易通 2

生词 NEW WORDS

lǐpǐn	礼品	（名）	gift
dài	带	（动）	to bring; to take
huí	回	（动）	to return
zuì hǎo	最好		best
tīngshuō	听说	（动）	to hearsay
sīchóu	丝绸	（名）	silk
shòu	受	（动）	to receive
huānyíng	欢迎	（动）	welcome
zhēnsī	真丝	（名）	silk
lǐngdài	领带	（名）	tie
tào	套	（量）	*measure word*
shuìyī	睡衣	（名）	pajamas
cháyè	茶叶	（名）	tea leaves
xiàngliàn	项链	（名）	necklace
ěrhuán	耳环	（名）	earrings
yùqì	玉器	（名）	jade products
zhēnzhū	珍珠	（名）	pearl
cìxiù	刺绣	（名）	embroider
bìtǎn	壁毯	（名）	tapestry
guàtǎn	挂毯	（名）	tapestry
jiǎnzhǐ	剪纸	（名）	paper cutting
huàr	画儿	（名）	painting
cíqì	瓷器	（名）	chinaware; porcelain
chájù	茶具	（名）	tea set
wéijīn	围巾	（名）	scarf
hé (cháyè)	盒(茶叶)	（量）	*measure word*
chuàn (xiàngliàn)	串(项链)	（量）	*measure word*
fù (ěrhuán)	副(耳环)	（量）	*measure word*
jiàn (yùqì)	件(玉器)	（量）	*measure word*
chuàn (zhēnzhū)	串(珍珠)	（量）	*measure word*
fú (huà)	幅(画)	（量）	*measure word*
bǐfāngshuō	比方说	（短语）	for example
shénmede	什么的	（短语）	...and so on so forth

第二十五课　买礼品

立竿见影
INSTANT AND EFFECTIVE PRACTICE

I. 短平快式交际会话 Short, Easy and Fast Dialogues

1. A: Qǐngwèn, nǐmen yǒu zhēnsī lǐngdài ma? / 请问,你们有真丝领带吗?
   B: Yǒu. Qǐng kàn zhè tiáo. / 有。请看这条。
   A: Yánsè bú tài hǎo. / 颜色不太好。
   B: Nǐ xǐhuan shénme yánsè? / 你喜欢什么颜色?
   A: Wǒ gěi wǒ bàba mǎi. Nǐ kàn shénme yánsè hǎo?
   　 我给我爸爸买。你看什么颜色好?
   B: Tā duō dà niánjì? / 他多大年纪?
   A: 68 suì. / 68 岁。
   B: Nín kàn zhè ge yánsè zěnmeyàng? / 您看这个颜色怎么样?
   A: Hěn hǎo. Wǒ jiù mǎi zhè tiáo. / 很好。我就买这条。

2. A: Nín xiǎng mǎi diǎnr shénme? / 您想买点儿什么?
   B: Wǒ xiǎng kànkan shuìyī. / 我想看看睡衣。
   A: Shì nín zìjǐ chuān ma? / 是您自己穿吗?
   B: Bù. Gěi wǒ tàitai mǎi. / 不。给我太太买。
   A: Nín tàitai chuān duō dà hàor de? / 您太太穿多大号儿的?
   B: Zhōnghàor. / 中号儿。
   A: Zhè zhǒng nǚshì shuìyī yòu piányi yòu hǎo. / 这种女式睡衣又便宜又好。
   B: Yánsè yě búcuò. Jiù mǎi zhè jiàn ba. / 颜色也不错。就买这件吧。

3. A: Wǒ xiǎng mǎi lǐpǐn sòng gěi péngyou. Nǐ kàn mǎi shénme hǎo?
   　 我想买礼品送给朋友。你看买什么好?
   B: Zhōngguó de chájù hěn shòu huānyíng. / 中国的茶具很受欢迎。
   A: Zài nǎr mǎi chájù? / 在哪儿买茶具?
   B: Qiánmén Chájùdiàn de chájù zuì hǎo. / 前门茶具店的茶具最好。
   A: Wǒ míngtiān qù. Nǐ qù ma? / 我明天去。你去吗?

B: Wǒ yě qù kànkan. / 我也去看看。

A: Tài hǎo le. Wǒmen 9 diǎn qù, hǎo ma? / 太好了。我们9点去,好吗?

B: Hǎo. / 好。

4. A: Nǐ dǎsuan mǎi shénme lǐpǐn dài huí guó? / 你打算买什么礼品带回国?

B: Wǒ hái méi xiǎnghǎo. Nǐ ne? / 我还没想好。你呢?

A: Wǒ dǎsuan mǎi Zhōngguó huà. / 我打算买中国画。

B: Wǒ kàn, Zhōngguó huà bùrú sīchóu. / 我看,中国画不如丝绸。

A: Shénme sīchóu lǐpǐn shòu huānyíng? / 什么丝绸礼品受欢迎?

B: Tài duō le. Bǐfāngshuō, zhēnsī lǐngdài, zhēnsī shuìyī, zhēnsī chènyī shénmede.

太多了。比方说,真丝领带,真丝睡衣,真丝衬衣什么的。

A: Nǐ kàn gěi wǒ māma mǎi yí jiàn zhēnsī chènyī zěnmeyàng?

你看给我妈妈买一件真丝衬衣怎么样?

B: Wǒ kàn kěyǐ. / 我看可以。

II. 配对游戏 Match Game

1. lǐngdài / 领带   a) jade products
2. cíqì / 瓷器   b) to plan
3. yùqì / 玉器   c) chinaware; procelain
4. lǐpǐn / 礼品   d) best
5. tīngshuō / 听说   e) tie
6. huānyíng / 欢迎   f) welcome
7. sīchóu / 丝绸   g) to take
8. dǎsuan / 打算   h) silk
9. dài / 带   i) to hearsay
10. zuì hǎo / 最好   j) gift

第二十五课　买礼品

III. 交际互动　Communicative Exchange

1. A: ＿＿＿＿＿＿＿＿＿＿＿＿＿＿＿＿＿＿
   B: Zhōngguó de yùqì hěn shòu huānyíng.
      中国的玉器很受欢迎。
   A: ＿＿＿＿＿＿＿＿＿＿＿＿＿＿＿＿＿＿
   B: Zài Yǒuyì Shāngdiàn.
      在友谊商店。
   A: ＿＿＿＿＿＿＿＿＿＿＿＿＿＿＿＿＿＿
   B: Zài Wángfǔjǐng pángbiān.
      在王府井旁边。
   A: ＿＿＿＿＿＿＿＿＿＿＿＿＿＿＿＿＿＿
   B: Bú kèqi.
      不客气。

2. A: Nín xiǎng mǎi diǎnr shénme?
      您想买点儿什么？
   B: ＿＿＿＿＿＿＿＿＿＿＿＿＿＿＿＿＿＿
   A: Gěi shéi mǎi?
      给谁买？
   B: ＿＿＿＿＿＿＿＿＿＿＿＿＿＿＿＿＿＿
   A: Duō dà hàor?
      多大号儿？
   B: ＿＿＿＿＿＿＿＿＿＿＿＿＿＿＿＿＿＿
   A: Zhè zhǒng yòu piányi yòu hǎo.
      这种又便宜又好。
   B: ＿＿＿＿＿＿＿＿＿＿＿＿＿＿＿＿＿＿

3. A: Nǐ dǎsuan mǎi shénme lǐpǐn dài huí guó?
      你打算买什么礼品带回国？
   B: ＿＿＿＿＿＿＿＿＿＿＿＿＿＿＿＿＿＿
   A: Wǒ dǎsuan mǎi Zhōngguó jiǎnzhǐ.
      我打算买中国剪纸。
   B: ＿＿＿＿＿＿＿＿＿＿＿＿＿＿＿＿＿＿
   A: Shénme jiǎnzhǐ lǐpǐn zuì yǒumíng?
      什么剪纸礼品最有名？
   B: ＿＿＿＿＿＿＿＿＿＿＿＿＿＿＿＿＿＿

A: Hǎo. Wǒ jiù mǎi yí tào Fúwá* jiǎnzhǐ sòng gěi wǒ nánpéngyou.
好。我就买一套福娃剪纸送给我男朋友。

4. A: Qǐngwèn, nǐmen yǒu zhēnsī bìtǎn ma?
请问,你们有真丝壁毯吗?

B: _____

A: Yǒudiǎnr dà.
有点儿大。

B: _____

A: Yánsè bú tài hǎo.
颜色不太好。

B: _____

A: Hěn hǎo. Dǎ zhé ma?
很好。打折吗?

B: _____

A: Hǎo. Wǒ mǎi zhè jiàn.
好。我买这件。

IV. 想一想,填一填 Fill in the Blanks with Proper Words

1. Qǐngwèn, nǐmen yǒu zhēnsī bìtǎn (　　　　)?
   请问,你们有真丝壁毯(　　　　)?

2. Nín (　　　　) mǎi diǎnr shénme?
   您(　　　　)买点儿什么?

3. Zhè zhǒng (　　　　) piányi yòu hǎo.
   这种(　　　　)便宜又好。

4. Zhōngguó de yùqì hěn shòu (　　　　).
   中国的玉器很受(　　　　)。

5. Huí guó nǐ (　　　　) mǎi shénme lǐpǐn?
   回国你(　　　　)买什么礼品?

6. Wǒ jiù mǎi yí (　　　　) jiǎnzhǐ sòng gěi wǒ nánpéngyou.
   我就买一(　　　　)剪纸送给我男朋友。

---

* Fúwá: It's a set of five dolls named Beibei, Jingjing, Huanhuan, Yingying, Nini (Beijing Huanying Ni/Beijing welcomes you) that have been selected as the mascot for the 2008 Beijing Olympic Games.

第二十五课　买礼品

V. 组词成句　Make Sentences with the Given Words

1. 欢迎(huānyíng)　的(de)　中国(Zhōngguó)　受(shòu)　玉器(yùqì)　很(hěn)

2. 什么(shénme)　买(mǎi)　礼品(lǐpǐn)　你(nǐ)　打算(dǎsuan)

3. 不如(bùrú)　中国画(Zhōngguó huà)　便宜(piányi)　丝绸(sīchóu)

4. 又便宜(yòu piányi)　又好(yòu hǎo)　种(zhǒng)　女式(nǚshì)　睡衣(shuìyī)　这(zhè)

VI. 译一译　Translate the Following into Chinese

1. A: What would you like to buy for gifts?

   B: I would like to buy a gift for my wife.

   A: What kind of gifts does she like?

   B: She likes Chinese silk.

   A: Chinese silk blouses are women's favorite.

   B: Good.

   A: What's her size?

   B: Petite.

   A: Is this white one okay?

   B: Beautiful. I'll get one for her.

2. A: What do you plan to bring back to the U.S.?

   B: I want to buy a tea set for my father.

   A: Where to buy a tea set, do you know?

   B: Wangfujing Tea Store.

   A: I heard Wangfujing Tea Store is not as famous as Qianmen Tea Store.

   B: Let's go to Qianmen Tea Store next weekend.

   A: Okay.

VII. 交际任务 Communicative Tasks

1. Ask a shop assistant what kind of silk products they have.
2. Ask your friends what gifts are good to take back to home country.
3. Discuss with your friends about gifts: who to buy, what to buy, where to buy, etc.
4. Discuss with your friends about your gift-shopping plan.
5. Ask a shop assistant what kind of gift is better for your mother, father, siblings, etc.
6. Discuss about buying the mascot for the 2008 Beijing Olympic Games as gifts.
7. Tell what are good gifts and what are not so good or bad gifts for family members, relatives, friends, co-workers, etc.
8. Consult with your American and Chinese friends on what kind of gifts that you think are most welcome in the U.S., in China and why?
9. Role-play: Shopping for gifts at the Beijing Silk Street Market Place.
10. Tell what you have bought and why you bought them as gifts.

UNIT FIVE SUMMARY

ASK	ANSWER
Zài nǎr mǎi miànbāo?	Zài shípǐnbù.
Shuǐguǒbù zài nǎr?	Jiù zài shípǐnbù pángbiān.
Nǐ yào mǎi shénme yīfu?	Wǒ yào mǎi chènyī.
Nǐ chuān duō dà hàor?	Wǒ chuān zhōnghàor.
Zhè jiàn hóngsè de zěnmeyàng?	Tài hǎo le. Wǒ hěn xǐhuan.
Nǐmen yǒu bùxié ma?	Duìbuqǐ, méiyǒu.
Nǐ yào duō dà hàor de?	Sānshíbā hàor bàn.
Qǐng shìshi zhè shuāng.	Zhèng héshì.
Nǐmen yǒu shénme diànhuàkǎ?	Wǒmen yǒu IC kǎ.
Duōshao qián yì zhāng?	Wǒmen yǒu sānshí yuán yì zhāng de.
Měi fēnzhōng duōshao qián?	Shìnèi tōng huà sān máo.
Nǐmen zhèr mài shénme diànqì?	Wǒmen·yǒu Hǎoyìtōng diànzǐ cídiǎn.
Zhè zhǒng cídiǎn hǎo yòng ma?	Fēicháng hǎo yòng.
Dǎ bu dǎ zhé?	Zhè ge xīngqī dǎ 8 zhé.
Shénme lǐpǐn dài huí guó zuì hǎo?	Tīngshuō Zhōngguó sīchóu hěn shòu huānyíng.
Gěi wǒ bàba mǎi shénme lǐpǐn hǎo?	Wǒ kàn, mǎi zhēnsī lǐngdài ba.
Nǐ dǎsuan mǎi shénme?	Wǒ dǎsuan gěi wǒ tàitai mǎi yí tào shuìyī.

UNIT SIX　SERVICES
第六单元　服务篇

Lesson 26 Seeing a Doctor
第二十六课 看医生

教学提示

Teaching Points

1. 哪儿不舒服?
   Where not comfortable?
2. 药怎么吃?
   How to take medicines?
3. 一天三次,一次一片
   Three times a day, one at a time

功能交际句型
Functional & Communicative Frames

1. A: Nǐ nǎr bù shūfu?
   B: Wǒ tóu téng.

   1. A: 你哪儿不舒服?
      B: 我头疼。

2. A: Yào dǎ zhēn ma?
   B: Búyòng. Chī diǎnr yào jiù hǎo le.

   2. A: 要打针吗?
      B: 不用。吃点儿药就好了。

3. A: Yào zěnme chī?
   B: Yì tiān sān cì, yí cì liǎng piàn, fàn hòu chī.

   3. A: 药怎么吃?
      B: 一天三次,一次两片,饭后吃。

交际转换扩展
Communicative Transformation and Build-ups

1. A: Nǐ nǎr bù shūfu?
   你哪儿不舒服?

第二十六课　看医生

B: Wǒ tóu téng.
我头疼。

wèi téng	胃疼
yá téng	牙疼
dùzi téng	肚子疼
gǎnmào le	感冒了
fā shāo	发烧
huāfěn guòmǐn	花粉过敏
sǎngzi téng	嗓子疼

2. A: Yào dǎ zhēn ma?
要打针吗？

B: Búyòng. Chī diǎnr yào jiù hǎo le.
不用。吃点儿药就好了。

duō hē shuǐ	多喝水
duō xiūxi	多休息
duō shuì jiào	多睡觉
shǎo chī táng	少吃糖
shǎo shuō huà	少说话
bié xī yān	别吸烟
bié hē jiǔ	别喝酒
bié áo yè	别熬夜

3. A: Yào zěnme chī?
药怎么吃？

B: Yì tiān sān cì, yí cì liǎng piàn, fàn hòu chī.
一天三次，一次两片，饭后吃。

yì tiān yí cì, yí cì sān piàn	一天一次，一次三片
yì tiān liǎng cì, měi cì yí piàn	一天两次，每次一片

生词 NEW WORDS

yīshēng	医生	(名)	doctor
shūfu	舒服	(形)	comfortable
tóu	头	(名)	head
téng	疼	(形)	ach
dǎ zhēn	打针		to give an injection
búyòng	不用	(副)	not necessary

97

EEC中文快易通2

yào	药	(名)	medicine
piàn	片	(量)	*measure word*
wèi	胃	(名)	stomach
yá	牙	(名)	tooth
gǎnmào	感冒	(动)	to get a cold
huāfěn guòmǐn	花粉过敏		pollen allergy
sǎngzi	嗓子	(名)	throat
duō	多	(副)	more
hē shuǐ	喝水		drink water
xiūxi	休息	(动)	rest
shuì jiào	睡觉		sleep
shǎo	少	(副)	less
táng	糖	(名)	candy
shuō huà	说话		talk
bié	别	(名)	don't
xī yān	吸烟		smoke
hē jiǔ	喝酒		drink (alcohol)
áo yè	熬夜		to stay up late or overnight

立竿见影
INSTANT AND EFFECTIVE PRACTICE

I. 短平快式交际会话 Short, Easy and Fast Dialogues

1. A: Wǒ jīntiān yǒudiǎnr bù shūfu. / 我今天有点儿不舒服。

   B: Nǎr bù shūfu? / 哪儿不舒服？

   A: Tóu yǒudiǎnr téng. / 头有点儿疼。

   B: Chī yào le ma? / 吃药了吗？

   A: Méi chī. / 没吃。

   B: Duō xiūxi xiūxi jiù hǎo le. / 多休息休息就好了。

第二十六课　看医生

2. A: Yīshēng, wǒ wèi bù shūfu. / 医生，我胃不舒服。
   B: Nǐ chī shénme le? / 你吃什么了？
   A: Wǒ chīle hěnduō jīdàn. / 我吃了很多鸡蛋。
   B: Nǐ chī de tài duō le. / 你吃得太多了。
   A: Yào chī yào ma? / 要吃药吗？
   B: Búyòng. Guò liǎng tiān jiù hǎo le. / 不用。过两天就好了。

3. A: Nǐ nǎr bù shūfu? / 你哪儿不舒服？
   B: Sǎngzi téng. / 嗓子疼。
   A: Wǒ kànkan. Nǐ yǒudiǎnr gǎnmào. / 我看看。你有点儿感冒。
   B: Yào dǎ zhēn ma? / 要打针吗？
   A: Yào. Jīntiān dǎ yí cì, míngtiān dǎ yí cì. / 要。今天打一次，明天打一次。
   B: Zài nǎr dǎ zhēn? / 在哪儿打针？
   A: Jiù zài zhèr. / 就在这儿。

4. A: Yīshēng, wǒ hěn bù shūfu. / 医生，我很不舒服。
   B: Nǎr bù shūfu? / 哪儿不舒服？
   A: Nǎr dōu bù shūfu. / 哪儿都不舒服。
   B: Fā shāo ma? / 发烧吗？
   A: Fā shāo. / 发烧。
   B: Sǎngzi téng ma? / 嗓子疼吗？
   A: Téng. / 疼。
   B: Nǐ gǎnmào le. Chī diǎnr yào ba. / 你感冒了。吃点儿药吧。
   A: Yào zěnme chī? / 药怎么吃？
   B: Yì tiān liǎng cì. / 一天两次。
   A: Fàn qián háishì fàn hòu chī? / 饭前还是饭后吃？
   B: Fàn hòu chī. / 饭后吃。

EEC中文快易通 2

II. 配对游戏 Match Game

1. shūfu / 舒服   a) don't
2. yào / 药   b) doctor
3. dǎ zhēn / 打针   c) medicine
4. yá / 牙   d) stomach
5. wèi / 胃   e) times
6. cì / 次   f) rest
7. yīshēng / 医生   g) comfortable
8. áo yè / 熬夜   h) tooth
9. bié / 别   i) to give an injection
10. xiūxi / 休息   j) to stay up late or overnight

III. 交际互动 Communicative Exchange

1. A: Yīshēng, wǒ tóu téng.
   医生，我头疼。
   B: _____
   A: Bù fā shāo.
   不发烧。
   B: _____
   A: _____
   B: Búyòng. Bié áo yè jiù hǎo le.
   不用。别熬夜就好了。

2. A: Wǒ jīntiān yǒudiǎnr bù shūfu.
   我今天有点儿不舒服。
   B: _____
   A: Yǒudiǎnr tóu téng.
   有点儿头疼。
   B: _____
   A: Méi chī.
   没吃。

第二十六课 看医生

B: Duō hē shuǐ jiù hǎo le.
多喝水就好了。

3. A: Nǐ nǎr bù shūfu?
你哪儿不舒服？

B: _____

A: Wǒ kànkan. Nǐ yǒudiǎnr gǎnmào.
我看看。你有点儿感冒。

B: _____

A: Yào. Jīntiān dǎ yí cì, míngtiān dǎ yí cì.
要。今天打一次，明天打一次。

B: Zài nǎr dǎ zhēn?
在哪儿打针？

A: _____

4. A: Yīshēng, wǒ hěn bù shūfu.
医生，我很不舒服。

B: Nǎr bù shūfu?
哪儿不舒服？

A: _____

B: Fā shāo ma?
发烧吗？

A: _____

B: Sǎngzi téng ma?
嗓子疼吗？

A: _____

B: Nǐ gǎnmào le. Chī diǎnr yào ba.
你感冒了。吃点儿药吧。

A: _____

B: Yì tiān liǎng cì.
一天两次。

A: _____

B: Fàn hòu chī.
饭后吃。

EEC中文快易通2

IV. 想一想,填一填 Fill in the Blanks with Proper Words

1. Yīshēng, wǒ (　　　　　) bù shūfu.
   医生,我(　　　　)不舒服。

2. Jīntiān wǒ tóu téng, wèi (　　　　　) téng.
   今天我头疼,胃(　　　　)疼。

3. Zhè yào fàn qián chī (　　　　　) fàn hòu chī?
   这药饭前吃(　　　　)饭后吃?

4. Búyòng chī yào. Duō xiūxi, (　　　　　) hē shuǐ jiù hǎo le.
   不用吃药。多休息,(　　　　)喝水就好了。

5. Yì tiān sān cì, yí cì liǎng (　　　　　), fàn hòu chī.
   一天三次,一次两(　　　　),饭后吃。

6. Méi guānxi, (　　　　　) áo yè, duō shuì jiào jiù hǎo le.
   没关系,(　　　　)熬夜,多睡觉就好了。

V. 组词成句 Make Sentences with the Given Words

1. 好(hǎo)　少(shǎo)　多(dōu)　喝水(hē shuǐ)　说话(shuō huà)　就(jiù)　了(le)

2. 吃(chī)　不用(búyòng)　点儿(diǎnr)　就(jiù)　打针(dǎ zhēn)　药(yào)　好(hǎo)　了(le)

3. 牙疼(yá téng)　医生(yīshēng)　我(wǒ)

4. 是(shì)　花粉(huāfěn)　过敏(guòmǐn)　不是(búshì)　你(nǐ)

VI. 译一译 Translate the Following into Chinese

1. A: Doctor, I am not feeling well.
   B: Where?
   A: Everywhere.
   B: Do you have a fever?
   A: No.
   B: You've caught a cold.

第二十六课 看医生

　　A: Do I need to take medicine?

　　B: No, drink more water and have more sleep, then you will be better.

2. A: I have a tooth ache.

　　B: Let me have a look.

　　A: Do you eat a lot of candy (táng)?

　　B: Yes.

　　A: Eat less candy, then you will have less tooth ache.

　　B: Do I need to take medicine?

　　A: Yes.

　　B: Take this medicine 3 times a day, 1 piece at a time.

VII. 交际任务 Communicative Tasks

1. Tell a doctor you don't feel well and describe the symptom.

2. Tell the doctor how you feel and what kind of illness you think you are suffering from.

3. Ask a doctor how to take medicine he prescribes for you.

4. Ask for the doctor's advice on your illness.

5. Tell a doctor that you don't want to have injections and ask for medicine instead.

6. You are not feeling well but do not know what's wrong. Ask the doctor for medical advice.

7. You are suffering from pollen allergy. Describe the symptom and ask the doctor for advice.

8. Role-play: At the doctor's office.

9. You have a medicine description from a Chinese doctor in Chinese, but you don't understand Hanzi. Ask someone who knows how to read and write Hanzi to translate the prescription for you. You should ask questions if you don't understand the prescription.

10. You've been staying up overnight recently and do not feel well allover. After your visit to the doctor's office, you are telling spouse what goes wrong with you.

Lesson 27　Watching Performance
第二十七课　看演出

> **教学提示** / **Teaching Points**
> 1. 我请你……
>   I invite you...
> 2. 演出类型
>   Types of performance

功能交际句型
Functional & Communicative Frames

1. A: Zhè ge zhōumò wǒ qǐng nǐ kàn zájì.
   B: Tài hǎo le.

2. A: Zài nǎr kàn?
   B: Zài Guójiā Dàjùyuàn.

3. A: Yǎnchū qián, wǒ qǐng nǐ chī wǎnfàn.
   B: Yì yán wéi dìng.

1. A: 这个周末我请你看杂技。
   B: 太好了。

2. A: 在哪儿看?
   B: 在国家大剧院。

3. A: 演出前,我请你吃晚饭。
   B: 一言为定。

交际转换扩展
Communicative Transformation and Build-ups

1. A: Zhè ge zhōumò wǒ qǐng nǐ kàn zájì.
   这个周末我请你看杂技。
   B: Tài hǎo le.
   太好了。

kàn jīngjù	看京剧
tīng gējù	听歌剧
kàn huàjù	看话剧
tīng yīnyuèhuì	听音乐会
tīng xiàngsheng	听相声
kàn bāléi	看芭蕾
kàn gēwǔ biǎoyǎn	看歌舞表演
kàn qǔyì biǎoyǎn	看曲艺表演
kàn shízhuāng biǎoyǎn	看时装表演

第二十七课　看演出

2. A: Zài nǎr kàn?
   在哪儿看？
   B: Zài Guójiā Dàjùyuàn.
   在国家大剧院。

Shǒudū Jùchǎng	首都剧场
Rénmín Jùyuàn	人民剧院
Bǎolì Jùyuàn	保利剧院
Mínzú Wénhuàgōng Jùchǎng	民族文化宫剧场

3. A: Yǎnchū qián, wǒ qǐng nǐ chī wǎnfàn.
   演出前，我请你吃晚饭。
   B: Yì yán wéi dìng.
   一言为定。
   A: Zánmen bú jiàn bú sàn.
   咱们不见不散。

Hǎo zhǔyi.	好主意。
Tài hǎo le.	太好了。
Jiù zhème shuōdìng le.	就这么说定了。

生词 NEW WORDS

yǎnchū	演出	（动）	to perform
zhōumò	周末	（名）	weekend
zájì	杂技	（名）	acrobatics
wǎnfàn	晚饭	（名）	dinner
yì yán wéi dìng	一言为定		it's settled then
jīngjù	京剧	（名）	Beijing opera
gējù	歌剧	（名）	opera
huàjù	话剧	（名）	drama
yīnyuèhuì	音乐会	（名）	concert
xiàngsheng	相声	（名）	talk show
bāléi	芭蕾	（名）	ballet
gēwǔ	歌舞	（名）	sing and dance
qǔyì	曲艺	（名）	folk art forms
Shǒudū Jùchǎng	首都剧场	（专名）	Capital Theatre
Rénmín Jùyuàn	人民剧院	（专名）	People's Theatre
Bǎolì Jùyuàn	保利剧院	（专名）	Poly Theatre
Mínzú Wénhuàgōng	民族文化宫	（专名）	Cultural Palace of Nationalities
bú jiàn bú sàn	不见不散		to wait until seeing each other

EEC 中文快易通 2

立竿见影
INSTANT AND EFFECTIVE PRACTICE

I. 短平快式交际会话 Short, Easy and Fast Dialogues

1. A: Zhè ge zhōumò nǐ dǎsuan qù nǎr? / 这个周末你打算去哪儿？
   B: Wǒ xiǎng qù kàn jīngjù. Nǐ ne? / 我想去看京剧。你呢？
   A: Wǒ dǎsuan qù tīng yīnyuèhuì. / 我打算去听音乐会。
   B: Zài nǎr? / 在哪儿？
   A: Zài Shǒudū Jùchǎng. / 在首都剧场。
   B: Shǒudū Jùchǎng zài nǎr? / 首都剧场在哪儿？
   A: Zài Wángfǔjǐng Dàjiē nánbiān. / 在王府井大街南边。

2. A: Xià xīngqī wǒ qǐng nǐ kàn bālěi. / 下星期我请你看芭蕾。
   B: Zhēn de? / 真的？
   A: Zhēn de. / 真的。
   B: Tài hǎo le. Zài nǎr? / 太好了。在哪儿？
   A: Zài Guójiā Dàjùyuàn. / 在国家大剧院。
   B: Zěnme qù? / 怎么去？
   A: Zuò wúguǐ diànchē dào Běijīng Fàndiàn, zài wǎng nán zǒu 10 fēnzhōng jiù dào le. / 坐无轨电车到北京饭店，再往南走10分钟就到了。

3. A: Zhōuwǔ wǎnshang wǒmen qù kàn huàjù ba. / 周五晚上我们去看话剧吧。
   B: Hǎo. Zài nǎr yǎnchū? / 好。在哪儿演出？
   A: Zài Shǒudū Jùchǎng. / 在首都剧场。
   B: Jǐ diǎn? / 几点？
   A: Qī diǎn bàn. / 七点半。
   B: Yǎnchū qián wǒ qǐng nǐ chī wǎnfàn. / 演出前我请你吃晚饭。
   A: Tài hǎo le. Yì yán wéi dìng. / 太好了。一言为定。

4. A: Nǐ xǐhuan tīng yīnyuèhuì ma? / 你喜欢听音乐会吗？

第二十七课　看演出

B: Xǐhuan. / 喜欢。

A: Wǒmen zhè ge zhōumò qù zěnmeyàng? / 我们这个周末去怎么样？

B: Tài hǎo le. Zài nǎr? / 太好了。在哪儿？

A: Zài Qiánmén Jùchǎng. / 在前门剧场。

B: Qiánmén Jùchǎng zài nǎr? / 前门剧场在哪儿？

B: Zài Qiánmén Kǎoyādiàn pángbiān. / 在前门烤鸭店旁边。

A: Tài hǎo le. Yǎnchū hòu, wǒmen qù chī kǎoyā.
　　太好了。演出后，我们去吃烤鸭。

B: Yì yán wéi dìng. / 一言为定。

A: Bú jiàn bú sàn. / 不见不散。

II. 配对游戏　Match Game

1. zhōumò / 周末　　　　　　　　a) People's Theatre
2. huàjù / 话剧　　　　　　　　　b) weekend
3. yǎnchū / 演出　　　　　　　　c) opera
4. bú jiàn bú sàn / 不见不散　　　d) dinner
5. yīnyuèhuì / 音乐会　　　　　　e) drama
6. gējù / 歌剧　　　　　　　　　f) concert
7. wǎnfàn / 晚饭　　　　　　　　g) to perform; performance
8. Rénmín Jùchǎng / 人民剧场　　h) to wait until seeing each other

III. 交际互动　Communicative Exchange

1. A: Xià xīngqī wǒ qǐng nǐ kàn gēwǔ biǎoyǎn.
　　下星期我请你看歌舞表演。
　B: Tài hǎo le. _____
　　太好了。
　A: Zài Guójiā Dàjùyuàn.
　　在国家大剧院。
　B: _____

A: Zuò wúguǐ diànchē.
坐无轨电车。

B: Hǎo.
好。

2. A: Nǐ xǐhuan tīng yīnyuèhuì ma?
你喜欢听音乐会吗?

B: _____

A: Wǒmen zhè ge zhōumò qù zěnmeyàng?
我们这个周末去怎么样?

B: _____

A: Zài Qiánmén Jùchǎng.
在前门剧场。

B: _____

A: Zài Qiánmén Kǎoyādiàn pángbiān.
在前门烤鸭店旁边。

B: Tài hǎo le. _____
太好了。

3. A: _____

B: Wǒ xiǎng qù kàn jīngjù. Nǐ ne?
我想去看京剧。你呢?

A: _____

B: Zài nǎr?
在哪儿?

A: _____

B: Shǒudū Jùchǎng zài nǎr?
首都剧场在哪儿?

A: _____

4. A: Zhōuwǔ wǎnshang wǒmen qù kàn huàjù ba.
周五晚上我们去看话剧吧。

B: _____

A: Zài Shǒudū Jùchǎng.
在首都剧场。

B: _____

A: Qī diǎn bàn.
七点半。

第二十七课 看演出

B: Yǎnchū qián wǒ qǐng nǐ chī wǎnfàn.
演出前我请你吃晚饭。
A: _____

IV. 想一想,填一填 Fill in the Blanks with Proper Words

1. Zhōuwǔ wǎnshang wǒmen qù kàn (　　　) ba.
   周五晚上我们去看(　　　)吧。

2. Yǎnchū qián wǒ (　　　) nǐ chī wǎnfàn.
   演出前我(　　　)你吃晚饭。

3. Nǐ xǐhuan (　　　) yīnyuèhuì ma?
   你喜欢(　　　)音乐会吗?

4. Xià zhōumò qù tīng xiàngsheng, (　　　)?
   下周末去听相声,(　　　)?

5. Yǎnchū (　　　), wǒmen kěyǐ qù mǎi lǐpǐn.
   演出(　　　),我们可以去买礼品。

6. Wǒ bù xǐhuan kàn huàjù, kěshì xǐhuan tīng (　　　).
   我不喜欢看话剧,可是喜欢听(　　　)。

V. 组词成句 Make Sentences with the Given Words

1. 8点(8 diǎn)　演出(yǎnchū)　去(qù)　看(kàn)　不见不散(bú jiàn bú sàn)
   我们(wǒmen)

2. 周六(zhōuliù)　吧(ba)　我们(wǒmen)　京剧(jīngjù)　去(qù)　看(kàn)
   晚上(wǎnshang)

3. 前(qián)　吃(chī)　我(wǒ)　去(qù)　晚饭(wǎnfàn)　演出(yǎnchū)

4. 相声(xiàngsheng)　你(nǐ)　下周末(xià zhōumò)　我(wǒ)　听(tīng)
   请(qǐng)

VI. 译一译 Translate the Following into Chinese

1. A: Mrs. Wang, I would like to invite you to watch Beijing opera.

   B: Great, thank you. Where?

   A: At People's Theatre.

   B: Where is it?

   A: Close to Beijing Foreign Language Bookstore.

   B: Shall we take a bus?

   A: Don't need. We can walk. We will get there in 20 minutes.

   B: OK.

2. A: Would you like to watch a play this weekend?

   B: Yes, where to?

   A: The National Theatre.

   B: What time?

   A: 7:00 pm.

   B: How do we get there?

   A: Let's take a taxi.

VII. 交际任务 Communicative Tasks

1. Invite your friend to watch Beijing Opera.
2. Talk to your friends about your plan on going to watch a play over the weekend.
3. Discuss with your roommates about going to watch performance on a weekend.
4. Confirm with your friends for time and place of the performance you are going to watch and suggest eating at a restaurant before or after the performance.
5. Arrange transportation for going to watch performance at Poly Theatre.
6. There are different kinds of performance during China's National Day holidays in October. You are discussing with your friend about watching some of them.
7. Your Chinese host invites you to watch Beijing Opera. How would you respond and what would you suggest?

第二十七课 看演出

8. You are planning on entertaining your American clients by inviting them to watch acrobatics at Qianmen Tianqiao Theatre. What would you say?

9. Making a telephone call to reserve tickets for an opera performance at China National Opera Theatre. Make sure you mention the name of the performance, time and place and how to get to the theatre, etc.

10. You are inviting your business clients/American guests to watch Chinese performance during their visit in Beijing. What do you say?

Lesson 28　Inquiry for Telephone Number
第二十八课　电话查询

教学提示

Teaching Points

1. 电话号码是多少？
   What's the phone number?
2. 哪家……？
   Which...?

功能交际句型
Functional & Communicative Frames

1. A: Qǐngwèn, cháxúntái de diànhuà hàomǎ shì duōshao?
   B: 114.

   1. A: 请问，查询台的电话号码是多少？
      B: 114.

2. A: Qǐngwèn kǎoyādiàn de diànhuà hàomǎ shì duōshao?
   B: Qǐng děng yi děng. Diànhuà hàomǎ shì 010-6701XXXX.

   2. A: 请问烤鸭店的电话号码是多少？
      B: 请等一等。电话号码是010-6701XXXX。

3. A: Nǎ jiā kǎoyādiàn?
   B: Qiánmén Quánjùdé Kǎoyādiàn.

   3. A: 哪家烤鸭店？
      B: 前门全聚德烤鸭店。

交际转换扩展
Communicative Transformation and Build-ups

1. A: Qǐngwèn, cháxúntái de diànhuà hàomǎ shì duōshao?
   请问，查询台的电话号码是多少？
   B: 114.

第二十八课 电话查询

2. A: Qǐngwèn, kǎoyādiàn de diànhuà hàomǎ shì duōshao?

   请问，烤鸭店的电话号码是多少？

Běijīng Fàndiàn	北京饭店
Shǒudū Jīchǎng	首都机场
Yǒuyì Shāngdiàn	友谊商店
Měiguó Dàshǐguǎn	美国大使馆
Xiéhé Yīyuàn	协和医院
Xīnhuá Shūdiàn	新华书店
jíjiù zhōngxīn	急救中心
chūzū qìchēzhàn	出租汽车站
Běijīng Dàxué	北京大学

   B: Qǐng děng yi děng. Nàr de diànhuà hàomǎ shì 6701XXXX.

   请等一等。那儿的电话号码是6701XXXX。

děng yíhuìr	等一会儿
děng yíxià	等一下
shāoděng	稍等
shāoděng piànkè	稍等片刻

3. A: Nǎ jiā kǎoyādiàn?

   哪家烤鸭店？

   B: Qiánmén Quánjùdé Kǎoyādiàn.

   前门全聚德烤鸭店。

Hépíngmén Quánjùdé	和平门全聚德
Wángfǔjǐng Quánjùdé	王府井全聚德
Yàyùncūn Quánjùdé	亚运村全聚德
Xiùshuǐ Shìchǎng Quánjùdé	秀水市场全聚德

EEC 中文快易通 2

生 词
NEW WORDS

cháxún	查询	（动）	to inquire
cháxúntái	查询台	（名）	information inquiry center
hàomǎ	号码	（名）	number
kǎoyā	烤鸭	（名）	roast duck
diàn	店	（名）	store
kǎoyādiàn	烤鸭店	（名）	roast duck restaurant
děng	等	（动）	to wait
jiā	家	（量,名）	*measure word*; family; home
Qiánmén Quánjùdé	前门全聚德	（专名）	Qianmen Roast Duck Restaurant
Běijīng Fàndiàn	北京饭店	（专名）	Beijing Hotel
Shǒudū Jīchǎng	首都机场	（专名）	Capital Airport
Yǒuyì Shāngdiàn	友谊商店	（专名）	Friendship Store
Měiguó Dàshǐguǎn	美国大使馆	（专名）	U.S. Embassy
Xiéhé Yīyuàn	协和医院	（专名）	Xiehe Hospital
Xiānhuá Shūdiàn	新华书店	（专名）	Xihua Bookstore
jíjiù zhōngxīn	急救中心	（专名）	Emergency Center
chūzū qìchēzhàn	出租汽车站	（专名）	Taxi Station
piànkè	片刻	（名）	a short while; moment
Hépíngmén Quánjùdé	和平门全聚德	（专名）	Hepingmen Roast Duck Restaurant
Wángfǔjǐng Quánjùdé	王府井全聚德	（专名）	Wangfujing Roast Duck Restaurant
Yàyùncūn Quánjùdé	亚运村全聚德	（专名）	Yayuncun Roast Duck Restaurant
Xiùshuǐ Shìchǎng Quánjùdé	秀水市场全聚德	（专名）	Silk Street Market Roast Duck Restaurant

第二十八课　电话查询

立竿见影
INSTANT AND EFFECTIVE PRACTICE

I. 短平快式交际会话　Short, Easy and Fast Dialogues

1. A: Cháxúntái de diànhuà hàomǎ shì 114 ma? / 查询台的电话号码是114吗？
   B: Duì. Nǐ xiǎng wèn nǎr de diànhuà hàomǎ? / 对。你想问哪儿的电话号码？
   A: Běijīng Fàndiàn. / 北京饭店。
   B: Búyòng wèn. Wǒ zhīdao. / 不用问。我知道。
   A: Zhēn de? Shì duōshao? / 真的？是多少？
   B: 6513XXXX. / 6513XXXX。
   A: Tài hǎo le. Xièxie. / 太好了。谢谢。

2. A: Qǐngwèn, shì 114 cháxúntái ma? / 请问，是114查询台吗？
   B: Shì. Qǐngwèn nǐ cháxún shénme hàomǎ? / 是。请问你查询什么号码？
   A: Shǒudū Jīchǎng de diànhuà hàomǎ shì duōshao?
      首都机场的电话号码是多少？
   B: Qǐng shāoděng. / 请稍等。
   A: Xièxie. / 谢谢。

3. A: Wéi, shì cháxúntái ma? / 喂，是查询台吗？
   B: Shì, qǐng jiǎng. / 是，请讲。
   A: Wǒ yào dǎ diànhuà gěi Měiguó Dàshǐguǎn. / 我要打电话给美国大使馆。
   B: Hǎo. Qǐng děng yi děng. / 好。请等一等。

4. A: 114 cháxúntái. Qǐngwèn nín chá nǎli de diànhuà hàomǎ?
      114查询台。请问您查哪里的电话号码？
   B: Xīnhuá Shūdiàn. / 新华书店。
   A: Nǎ jiā Xīnhuá Shūdiàn? / 哪家新华书店？
   B: Wángfǔjǐng Xīnhuá Shūdiàn. / 王府井新华书店。
   A: Diànhuà shì 6512XXXX. / 电话是6512XXXX。

115

B: Xièxie. / 谢谢。

A: Bú kèqi. / 不客气。

II. 配对游戏 Match Game

1. kǎoyādiàn / 烤鸭店
2. hàomǎ / 号码
3. Běijīng Fàndiàn / 北京饭店
4. Yǒuyì Shāngdiàn / 友谊商店
5. cháxún / 查询
6. děng / 等
7. piànkè / 片刻
8. dàshǐguǎn / 大使馆
9. Shǒudū Jīchǎng / 首都机场
10. yīyuàn / 医院

a) hospital
b) embassy
c) Friendship Store
d) Capital Airport
e) roast duck restaurant
f) number
g) to wait
h) a short while
i) to inquiry
j) Beijing Hotel

III. 交际互动 Communicative Exchange

1. A: Wéi, shì cháxúntái ma?
   喂,是查询台吗?
   B: _____
   A: Wǒ yào dǎ diànhuà gěi Měiguó Dàshǐguǎn.
   我要打电话给美国大使馆。
   B: _____
   A: Xièxie.
   谢谢。
   B: _____

2. A: Cháxúntái de diànhuà hàomǎ shì 114 ma?
   查询台的电话号码是114吗?
   B: _____

第二十八课　电话查询

A: Běijīng Fàndiàn diànhuà hàomǎ shì duōshao?
北京饭店电话号码是多少？
B: _____

3. A: _____
B: Shì. Qǐngwèn nín cháxún shénme hàomǎ?
是。请问您查询什么号码？
A: _____
B: Qǐng shāoděng.
请稍等。
A: _____

4. A: 114 cháxúntái. Qǐngwèn nín chá nǎli de diànhuà hàomǎ?
114查询台。请问您查哪里的电话号码？
B: _____
A: Nǎ jiā yīyuàn?
哪家医院？
B: _____
A: diànhuà hàomǎ shì 6513XXXX.
电话号码是6513XXXX.
B: Xièxie.
谢谢。
A: _____

IV. 想一想，填一填　Fill in the Blanks with Proper Words

1. Qǐngwèn, cháxúntái de diànhuà hàomǎ shì (　　　　)?
请问，查询台的电话号码是(　　　　)?

2. Wǒ yào cháxún (　　　　) de diànhuà hàomǎ.
我要查询(　　　　)的电话号码。

3. Shǒudū Jīchǎng de diànhuà hàomǎ (　　　　) 6453XXXX.
首都机场的电话号码(　　　　)6453XXXX。

4. Qǐngwèn kǎoyādiàn de (　　　　) shì duōshao?
请问烤鸭店的(　　　　)是多少？

5. Qǐngwèn, nín chá (　　　　) de diànhuà hàomǎ?
请问，您查(　　　　)的电话号码?

EEC中文快易通 2

6. Duìbuqǐ, zhèli (　　　　　) cháxúntái.
   对不起,这里(　　　　)查询台。

V. 组词成句　Make Sentences with the Given Words

1. 查(chá)　请问(qǐngwèn)　号码(hàomǎ)　的(de)　您(nín)
   电话(diànhuà)　哪里(nǎli)

2. 的(de)　首都机场(Shǒudū Jīchǎng)　6453XXXX(6453XXXX)
   吗(ma)　电话号码(diànhuà hàomǎ)　是(shì)

3. 查询(cháxún)　我(wǒ)　要(yào)　的(de)　电话号码(diànhuà hàomǎ)
   烤鸭店(kǎoyādiàn)

4. 多少(duōshao)　的(de)　是(shì)　美国大使馆(Měiguó Dàshǐguǎn)
   电话号码(diànhuà hàomǎ)

VI. 译一译　Translate the Following into Chinese

1. A: Is this 114 information inquiry center?

   B: Yes. What phone number do you need?

   A: I want to call Beijing Hotel.

   B: Just a minute.

   A: Okay.

   B: The number is 010-6513XXXX.

   A: Thanks.

   B: You're very welcome.

2. A: This is 114. May I ask what number you inquire?

   B: What's the phone number for Beijing Train Station?

   A: Which one? Beijing Train Station or Beijing West Train Station?

   B: The bigger one.

   A: That is Beijing Train Station.

第二十八课　电话查询

B: Okay.

A: The number is 010-6510XXXX.

B: Thanks.

A: No problem.

VII. 交际任务　Communicative Tasks

1. Ask your friend what the phone number of the information inquiry center is.

2. Call 114 and ask the phone number for Beijing West Train Station.

3. Call 114 to confirm the phone number for Peking University.

4. Call Xinhua Bookstore and ask about phone number for the Department of Chinese Language Textbooks.

5. Call U.S. Embassy and ask the phone number for the U.S. Consulate in Shanghai.

6. You want to make reservation for dinner at the best-known Beijing roast duck restaurant, but you don't know the restaurant's telephone number. How do you find out?

7. Inquire telephone numbers for several places you'd like to make telephone calls or visit during your stay in Beijing. How do you do that?

8. You are calling 114 for the telephone number for Beijing 2008 Olympic Center as well as the Quanjude Roast Duck Restaurant near the Olympic Center. How do you ask?

9. Call 114 to find out as much information as you need, such as phone numbers, locations, directions, etc.

10. You are calling 114 to tell the operator that the number you were given for Peking University is incorrect. Carry on a conversation between you and the operator.

Lesson 29 Making Dinner Reservation
第二十九课 订餐位

Teaching Points

1. 订……
   Reserve...
2. 15%
   15 percentage
3. 下月初
   The beginning of next month

Functional & Communicative Frames

1. A: Nín hǎo, Qiánmén Quánjùdé Kǎoyādiàn.
   B: Wǒ xiǎng dìng yí ge dānjiān.

1. A: 您好,前门全聚德烤鸭店。
   B: 我想订一个单间。

2. A: Shénme shíhou?
   B: Xià zhōuliù, bā yuè bā hào, wǎnshang liù diǎn.

2. A: 什么时候?
   B: 下周六,八月八号,晚上六点。

3. A: Dānjiān yào jiā shōu bǎi fēn zhī 15 de fúwù fèi.
   B: Méi wèntí, nà jiù dìng ba.

3. A: 单间要加收15%的服务费。
   B: 没问题,那就订吧。

Communicative Transformation and Build-ups

1. A: Nín hǎo, Qiánmén Quánjùdé Kǎoyādiàn.
   您好,前门全聚德烤鸭店。

第二十九课 订餐位

Hépíngmén	和平门
Wángfǔjǐng	王府井
Yàyùncūn	亚运村
Xiùshuǐ Shìchǎng	秀水市场

B: Wǒ xiǎng dìng yí ge dānjiān.
   我想订一个单间。

tàojiān	套间
VIP tàojiān	VIP 套间
yǎzuò	雅座

2. A: Shénme shíhou?
   什么时候？

   B: Xià zhōuliù, bā yuè bā hào, wǎnshang liù diǎn.
   下周六，八月八号，晚上六点。

Zhè ge zhōuwǔ, 3 hào	这个周五，3号
Zhè ge zhōumò 10 hào	这个周末，10号
Zhè ge yuè mò, 31 hào	这个月末，31号
Xià ge zhōumò, 17 hào	下个周末，17号
Xià ge yuèchū, 5 hào	下个月初，5号
Xià ge yuè zhōngxún, 15 hào	下个月中旬，15号

3. A: Dānjiān yào jiā shōu bǎi fēn zhī 15 de fúwù fèi.
   单间要加收15%的服务费。

bǎi fēn zhī 10 de dìng cān fèi	10% 的订餐费
bǎi fēn zhī 5 de dìng wèi fèi	5% 的订位费
bǎi fēn zhī 10 de fúwù fèi	10% 的服务费

B: Méi wèntí, nà jiù dìng ba.
   没问题，那就订吧。

Méiguānxi	没关系
Kěyǐ	可以
Xíng	行
Hǎo de	好的

121

EEC中文快易通 2

生词 / NEW WORDS

dìng	订	（动）	to reserve
cānwèi	餐位	（名）	dinner table
dānjiān	单间	（名）	single room
xià	下	（名）	next
zhōu	周	（名）	week
xià zhōu	下周		next week
wǎnshang	晚上	（名）	evening
jiā	加	（动）	to add
bǎi fēn zhī	百分之		percent, 100 points of (scores)
fúwù fèi	服务费		service fee
wèntí	问题	（名）	problem
méi wèntí	没问题		no problem
tàojiān	套间	（名）	(private) suite
VIP tàojiān	VIP 套间		VIP private suite
yǎzuò	雅座	（名）	private room
zhōumò	周末	（名）	weekend
yuèmò	月末	（名）	the end of a month
yuèchū	月初	（名）	the beginning of a month
zhōngxún	中旬	（名）	the second 10 days of a month
dìng cān fèi	订餐费		food reservation fee (restaurant)
dìng wèi fèi	订位费		room reservation fee (restaurant)
méi guānxi	没关系		it doesn't matter; that's fine
kěyǐ	可以	（动）	sure; OK
xíng	行	（动）	doable; OK
hǎo de	好的		good; OK

第二十九课 订餐位

立竿见影
INSTANT AND EFFECTIVE PRACTICE

I. 短平快式交际会话 Short, Easy and Fast Dialogues

1. A: Qǐngwèn, shì bu shì Qiánmén Quánjùdé Kǎoyādiàn?
   请问,是不是前门全聚德烤鸭店?

   B: Shì. / 是。

   A: Wǒ xiǎng dìng yí ge dānjiān. / 我想订一个单间。

   B: Jǐ wèi? / 几位?

   A: Liù wèi. / 六位。

   B: Shénme shíhou? / 什么时候?

   A: Xià ge zhōuliù, bā yuè bā hào, wǎnshang liù diǎn.
   下个周六,八月八号,晚上六点。

   B: Dānjiān yào jiā shōu 15% de fúwù fèi. / 单间要加收15%的服务费。

   A: Méi wèntí, nà jiù dìng ba. / 没问题,那就订吧。

2. A: Qǐngwèn, néng bu néng dìng cānwèi? / 请问,能不能订餐位?

   B: Kěyǐ. Nǎ tiān? / 可以。哪天?

   A: Xià ge zhōumò, 15 hào. / 下个周末,15号。

   B: Jǐ diǎn? / 几点?

   A: Wǎnshang 8 diǎn. / 晚上8点。

   B: Duōshao wèi? / 多少位?

   A: 10 wèi. / 10位。

   B: Yào yǎzuò ma? / 要雅座吗?

   A: Yào. / 要。

3. A: Qǐngwèn, nǐmen fàndiàn kěyǐ dìng wèi ma? / 请问,你们饭店可以订位吗?

   B: Kěyǐ. Nín dìng dānjiān háishì tàojiān? / 可以。您订单间还是套间?

   A: Tàojiān. / 套间。

   B: Tàojiān yào jiā shōu fúwù fèi. / 套间要加收服务费。

123

EEC中文快易通 2

A: Jiā duōshao? / 加多少？

B: 15%. / 15%。

A: Méi wèntí, qǐng dìng ge tàojiān. / 没问题，请订个套间。

4. A: Qǐngwèn, shì Hépíngmén Quánjùdé Kǎoyādiàn ma?
   请问，是和平门全聚德烤鸭店吗？

B: Shì. / 是。

A: Yǒu tàojiān ma? / 有套间吗？

B: Tàojiān, dānjiān, kǎlā OK jiān dōu yǒu. / 套间，单间，卡拉OK间都有。

A: Yào bu yào jiā fúwù fèi? / 要不要加服务费？

B: Tàojiān jiā 15% fúwù fèi, dānjiān bù jiā fúwù fèi.
   套间加15%服务费，单间不加服务费。

A: Nà jiù dìng yí ge dānjiān ba. / 那就订一个单间吧。

B: Hǎo. / 好。

II. 配对游戏 Match Game

1. wǎnshang / 晚上
2. yuèchū / 月初
3. zhōumò / 周末
4. dānjiān / 单间
5. dìng / 订
6. xíng / 行
7. fúwù fèi / 服务费
8. jiā / 加
9. yuèmò / 月末
10. méi wèntí / 没问题

a) service fee
b) to reserve
c) okay
d) no problem
e) evening
f) to add
g) the end of a month
h) the beginning of a month
i) single room
j) weekend

第二十九课　订餐位

III. 交际互动　Communicative Exchange

1. A: Qǐngwèn, shì bu shì Qiánmén Quánjùdé Kǎoyādiàn?
      请问,是不是前门全聚德烤鸭店?
   B: _____
   A: Wǒ xiǎng dìng yí ge dānjiān.
      我想订一个单间。
   B: _____
   A: 4 wèi.
      4位。
   B: _____
   A: Xià zhōuliù, bā yuè bā hào, wǎnshang 6 diǎn.
      下周六,八月八号,晚上6点。
   B: _____
   A: Méi wèntí, nà jiù dìng ba.
      没问题,那就订吧。

2. A: Qǐngwèn, néng bu néng dìng cānwèi?
      请问,能不能订餐位?
   B: Kěyǐ. _____
      可以。
   A: Xià ge zhōumò, 15 hào.
      下个周末,15号。
   B: _____
   A: Wǎnshang 6 diǎn.
      晚上6点。
   B: _____
   A: 10 wèi.
      10位。
   B: Yào dānjiān ma?
      要单间吗?
   A: _____

3. A: Qǐngwèn, nǐmen fàndiàn kěyǐ dìng wèi ma?
      请问,你们饭店可以订位吗?
   B: Kěyǐ. Nín dìng dānjiān háishì tàojiān?
      可以。您订单间还是套间?

A: _____

B: Tàojiān yào jiā fúwù fèi.
套间要加服务费。

A: _____

B: 15%.
15%。

A: Méi wèntí, nà jiù dìng ba.
没问题,那就订吧。

4. A: Qǐngwèn, shì Hépíngmén Quánjùdé Kǎoyādiàn ma?
请问,是和平门全聚德烤鸭店吗?

B: _____

A: Yǒu tàojiān ma?
有套间吗?

B: _____

A: Yào bu yào jiā fúwù fèi?
要不要加服务费?

B: _____

A: Nà jiù dìng yí ge dānjiān ba.
那就订一个单间吧。

B: _____

IV. 想一想,填一填 Fill in the Blanks with Proper Words

1. Wǒ xiǎng (_____) yí ge dānjiān.
   我想(_____)一个单间。

2. Nǐ dìng dānjiān (_____) tàojiān?
   你订单间(_____)套间?

3. Tàojiān yào jiā shōu (_____) fúwù fèi.
   套间要加收(_____)服务费。

4. Wǒ dìng yí (_____) tàojiān, sān ge dānjiān.
   我订一(_____)套间,三个单间。

5. Xià zhōuliù, 10 yuè 31 hào, (_____) 6 diǎn.
   下周六,10月31号,(_____)6点。

6. Wǒ (_____) dìng yí ge dānjiān, 6 ge rén.
   我(_____)订一个单间,6个人。

第二十九课 订餐位

V. 组词成句 Make Sentences with the Given Words

1. 套间(tàojiān) 还是(háishì) 你(nǐ) 单间(dānjiān) 订(dìng)

2. 餐位(cānwèi) 要不要(yào bu yào) 订(dìng) 服务费(fúwù fèi) 加收(jiā shōu)

3. 只有(zhǐyǒu) 没有(méiyǒu) 前门饭店(Qiánmén Fàndiàn) 套间(tàojiān) 单间(dānjiān)

4. 对不起(duìbuqǐ) 的(de) 我们(wǒmen) 15个人(15 ge rén) 单间(dānjiān) 没有(méiyǒu)

VI. 译一译 Translate the Following into Chinese

1. A: Is this Xinjiang Musilin Restaurant?
   B: Yes, can I help you?
   A: I want to reserve a room.
   B: How many people?
   A: Eight.
   B: When?
   A: Next Friday, 25th.
   B: What time?
   A: 7:30 PM.
   B: 10% service fee will be charged.
   A: That's fine.

2. A: I want to reserve a room. What kind of private rooms do you have?
   B: We have private rooms for 4, 6, 8 and 10 people.
   A: Any single room for 15 people?
   B: No, our double rooms are for 15 to 20 people.
   A: I'd like to reserve a double room.
   B: When?

A: This Saturday, at 6:00 PM.

B: Okay.

A: Any additional fees?

B: 10% service fee.

A: No problem.

VII. 交际任务 Communicative Tasks

1. Call a restaurant to reserve a table for 8 people.
2. Tell a restaurant staff that you need a private single room for next Friday.
3. Ask a restaurant staff what kind of private rooms the restaurant has.
4. Ask a restaurant how they charge service fees.
5. Make a list of questions you may ask when making reservation for dinner at a restaurant.
6. Call a restaurant for a reservation with a private karaoke room.
7. You've arrived at the restaurant you made the reservation with, but find out that the room they've reserved for you is too small for 15 people. What would you say?
8. Discuss with your boss about reserving for the banquet your company is hosting for 8 American guests next Friday evening at 7:00 PM.
9. You find out upon arriving at the restaurant that your reservation was not on the restaurant's reservation list. What would you and the restaurant staff say?
10. Carry on a conversation between you and a restaurant staff regarding all aspects of making a restaurant reservation.

Lesson 30 Fitness, Foot Massage
第三十课 健身，足疗

Teaching Points

1. ……在几层？
   ...on which floor?
2. 服务设施
   Service facilities

功能交际句型
Functional & Communicative Frames

1. A: Qǐngwèn, jiànshēnfáng zài jǐ céng?
   B: Zài shíwǔ céng.

1. A: 请问，健身房在几层？
   B: 在十五层。

2. A: Yǒu shénme fúwù shèshī?
   B: Yǒu yóuyǒngchí.

2. A: 有什么服务设施？
   B: 有游泳池。

3. A: Yǒu méiyǒu zúliáo fúwù?
   B: Zúliáo zài èr céng xǐyù zhōngxīn.

3. A: 有没有足疗服务？
   B: 足疗在二层洗浴中心。

交际转换扩展
Communicative Transformation and Build-ups

1. A: Qǐngwèn,  zài jǐ céng?
   请问，健身房在几层？
   B: Zài shíwǔ céng.
   在十五层。

lǐfàdiàn	理发店
xiānhuādiàn	鲜花店
lǐpǐndiàn	礼品店
cāntīng	餐厅
huòbì duìhuàn	货币兑换
yóujìchù	邮寄处
wǎngbā	网吧
jiǔbā	酒吧
shāngwù zhōngxīn	商务中心

129

EEC中文快易通 2

2. A: Yǒu shénme fúwù shèshī?
   有什么服务设施？
   B: Yǒu yóuyǒngchí.
   有游泳池。

pǎobùjī	跑步机
sāngná	桑拿
táiqiúfáng	台球房

3. A: Yǒu méiyǒu zúliáo fúwù?
   有没有足疗服务？
   B: Zúliáo zài èr céng xǐyù zhōngxīn.
   足疗在二层洗浴中心。

| ànmó | 按摩 |
| wēnquán | 温泉 |

生词 NEW WORDS

jiànshēn	健身	（动）	physical exercise
zúliáo	足疗	（名）	foot massage
jiànshēnfáng	健身房	（名）	gymnasium
céng	层	（名）	floor
fúwù	服务	（名）	service
shèshī	设施	（名）	facility
yóuyǒng	游泳	（动）	to swim
chí	池	（名）	pool
yóuyǒuchí	游泳池	（名）	swimming pool
xǐyù	洗浴	（名）	bathe
zhōngxīn	中心	（名）	center
xǐyù zhōngxīn	洗浴中心		bathe center
lǐfàdiàn	理发店	（名）	barbershop
xiānhuādiàn	鲜花店	（名）	flower shop
lǐpǐndiàn	礼品店	（名）	gift shop
huòbì duìhuàn	货币兑换		money-exchange
yóujìchù	邮寄处	（名）	postal service desk
wǎngbā	网吧	（名）	internet bar
jiǔbā	酒吧	（名）	wine bar
shāngwù zhōngxīn	商务中心		business center

130

第三十课 健身，足疗

pǎobùjī	跑步机	（名）	jogging machine
sāngná	桑拿	（名）	sauna bath
táiqiúfáng	台球房	（名）	billiard room
ànmó	按摩	（名）	massage
wēnquán	温泉	（名）	hot spring

立竿见影
INSTANT AND EFFECTIVE PRACTICE

I. 短平快式交际会话 Short, Easy and Fast Dialogues

1. A: Qǐngwèn, jiànshēnfáng yǒu shénme jiànshēn shèshī?
      请问，健身房有什么健身设施？
   B: Yǒu pǎobùjī, sāngná, táiqiúfáng hé yóuyǒngchí.
      有跑步机，桑拿，台球房和游泳池。
   A: Sāngná zài jǐ céng? / 桑拿在几层？
   B: Zài 18 céng. / 在 18 层。
   A: Yǒu ànmó fúwù ma? / 有按摩服务吗？
   B: Yǒu, zài xǐyù zhōngxīn. / 有，在洗浴中心。
   A: xǐyù zhōngxīn zài jǐ céng? / 洗浴中心在几层？
   A: Zài 2 céng. / 在 2 层。

2. A: Jiànshēnfáng yǒu zúliáo fúwù ma? / 健身房有足疗服务吗？
   B: Méiyǒu. / 没有。
   A: Zài nǎr yǒu zúliáo fúwù? / 在哪儿有足疗服务？
   B: Zhè ge fàndiàn méiyǒu zúliáo fúwù. / 这个饭店没有足疗服务。
   A: Nǎ jiā yǒu zúliáo fúwù? / 哪家有足疗服务？
   B: Běijīng Fàndiàn de 15 céng yǒu. / 北京饭店的 15 层有。
   A: Xièxie. / 谢谢。
   B: Bú kèqi. / 不客气。

EEC中文快易通 2

3. A: Qǐngwèn, xǐyù zhōngxīn yǒu méiyǒu ànmó fúwù?
   请问,洗浴中心有没有按摩服务?

   B: Yǒu. / 有。

   A: Yào dìng shíjiān ma? / 要订时间吗?

   B: Yào. / 要

   A: Shénme shíjiān fāngbiàn? / 什么时间方便 (convenient)?

   B: Míngtiān shàngwǔ 9 diǎn zěnmeyàng? / 明天上午9点怎么样?

   A: Hǎo. / 好。

4. A: Jiànshēnfáng zài jǐ céng? / 健身房在几层?

   B: Zài 15 céng. / 在15层。

   A: Xǐyù zhōngxīn ne? / 洗浴中心呢?

   B: Yě zài 15 céng. / 也在15层。

   A: Jiànshēnfáng de shèshī zěnmeyàng? / 健身房的设施怎么样?

   B: Yòu duō yòu hǎo. / 又多又好。

II. 配对游戏 Match Game

1. céng / 层   a) pool
2. yóuyǒng / 游泳   b) service
3. fúwù / 服务   c) foot massage
4. shèshī / 设施   d) GYM
5. jiànshēnfáng / 健身房   e) center
6. zúliáo / 足疗   f) floor
7. zhōngxīn / 中心   g) facility
8. chí / 池   h) to swim

第三十课　健身，足疗

III. 交际互动　Communicative Exchange

1. A: Jiànshēnfáng yǒu zúliáo fúwù ma?
   健身房有足疗服务吗？

   B: _____

   A: Zài nǎr yǒu zúliáo fúwù?
   在哪儿有足疗服务？

   B: Zhè ge fàndiàn méiyǒu zúliáo fúwù.
   这个饭店没有足疗服务。

   A: _____

   B: Běijīng Fàndiàn de 15 céng yǒu.
   北京饭店的 15 层有。

   A: _____

   B: Bú kèqi.
   不客气。

2. A: _____

   B: Zài 10 céng.
   在 10 层。

   A: Xǐyù zhōngxīn ne?
   洗浴中心呢？

   B: _____

   A: Jiànshēnfáng de shèshī zěnmeyàng?
   健身房的设施怎么样？

   B: _____

3. A: Qǐngwèn, _____?
   请问，

   B: Yǒu.
   有。

   A: Yào dìng shíjiān ma?
   要订时间吗？

   B: _____

   A: Shénme shíjiān fāngbiàn?
   什么时间方便？

   B: _____

A: Hǎo, wǒ dìng míngtiān xiàwǔ 3 diǎn.
好，我订明天下午3点。

4. A: Qǐngwèn, jiànshēnfáng yǒu shénme fúwù shèshī?
请问，健身房有什么服务设施？
B: _____
A: Sāngná zài jǐ céng?
桑拿在几层？
B: _____
A: Yǒu ànmó fúwù ma?
有按摩服务吗？
B: _____
A: Xǐyù zhōngxīn zài jǐ céng?
洗浴中心在几层？
B: _____

IV. 想一想，填一填 Fill in the Blanks with Proper Words

1. Qǐngwèn, jiànshēnfáng yǒu (　　) jiànshēn hé fúwù shèshī?
请问，健身房有(　　)健身和服务设施？
2. Xǐyù zhōngxīn zài jǐ (　　)?
洗浴中心在几(　　)？
3. Jiànshēnfáng (　　) zúliáo fúwù ma?
健身房(　　)足疗服务吗？
4. Zhè ge (　　) méiyǒu zúliáo fúwù.
这个(　　)没有足疗服务。
5. (　　) de shèshī zěnmeyàng?
(　　)的设施怎么样？
6. Zúliáo fúwù zài 15 céng de zuǒbiān háishì (　　)?
足疗服务在15层的左边还是(　　)？

V. 组词成句 Make Sentences with the Given Words

1. 层(céng)　健身房(jiànshēnfáng)　在(zài)　请问(qǐngwèn)　几(jǐ)

第三十课　健身，足疗

2. 洗浴(xǐyù)　中心(zhōngxīn)　足疗(zúliáo)　服务(fúwù)　没有(méiyǒu)　有(yǒu)

3. 设施(shèshī)　健身房(jiànshēnfáng)　又好又多(yòu hǎo yòu duō)　的(de)

4. 游泳(yóuyǒng)　游泳池(yóuyǒngchí)　我(wǒ)　在(zài)　喜欢(xǐhuan)　健身房(jiànshēnfáng)　的(de)

VI. 译一译　Translate the Following into Chinese

1. A: May I ask, where is GYM?

   B: On the 12th floor.

   A: On the left or right side?

   B: Left side.

   A: Is there a swimming pool?

   B: Yes.

   A: How about hot spring pool?

   B: It is on the 2nd floor.

2. A: Do you stay in Beijing Hotel?

   B: Yes.

   A: Is there a foot message service there?

   B: Yes.

   A: How much per hour?

   B: 30 yuan.

   A: Do you pay?

   B: No, I stay in the hotel and the foot message service is free.

VII. 交际任务　Communicative Tasks

1. Ask your hotel front desk on which floor the GYM is.

2. Ask about the facilities in the GYM.

3. Make a reservation for foot massage at your hotel.

4. Ask the front desk whether GYM has hot spring pools.

5. Ask your friends which foot massage is less expensive.

6. You are checking in at a hotel's front desk, ask what kind of GYM facilities does the hotel have and what the charge is.

7. Call the hotel's front desk from your hotel room about the GYM schedule at the hotel.

8. Call your parents and tell them about the GYM facilities the hotel you are staying has and which facility and service you enjoy using and why.

9. Discuss with your colleague who stays at the same hotel which GYM you'd like to go for exercises in the morning or after work.

10. Give a brief introduction of the GYM facilities and other related services the hotel you are staying has and what it does not have, etc.

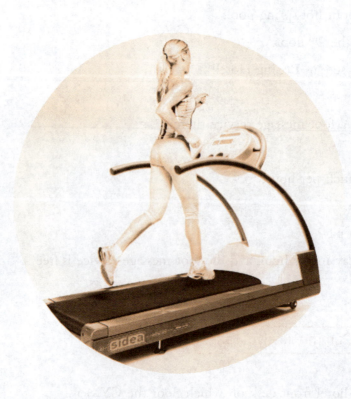

UNIT SIX   SUMMARY

ASK | **ANSWER**

Nǐ nǎr bù shūfu? — Wǒ tóu téng.

Yào dǎ zhēn ma? — Búyòng, chī diǎnr yào jiù hǎo le.

Yào zěnme chī? — Yì tiān sān cì, yí cì liǎng piàn.

Zhè ge zhōumò wǒ qǐng nǐ kàn zájì. — Tài hǎo le.

Zài nǎr kàn? — Zài Guójiā Dàjùyuàn.

Yǎnchū qián wǒ qǐng nǐ chī wǎnfàn. — Yì yán wéi dìng.

Cháxúntái de diànhuà hàomǎ shì duōshao? — 114.

Kǎoyādiàn de diànhuà hàomǎ shì duōshao? — Qǐng děng yi děng.

Nǎ jiā kǎoyādiàn? — Qiánmén Quánjùdé Kǎoyādiàn.

Nín dìng shénme? — Wǒ xiǎng dìng yí ge dānjiān.

Shénme shíhòu? — Xià zhōuliù, wǎnshang liù diǎn.

Dānjiān yào jiā 15% de fúwù fèi. — Méi wèntí, nà jiù dìng ba.

Jiànshēnfáng zài jǐ céng? — Zài 15 céng.

Yǒu shénme fúwù shèshī? — Yǒu yóuyǒngchí.

Yǒu méiyǒu zúliáo fúwù? — Zúliáo zài 2 céng xǐyù zhōngxīn.

附录

The Abbreviations of Chinese Grammatical Terms

Adv:	副词	Adverb
MA:	变动副词	Movable Adverb
S/SUB:	主语	Subject
ADJ:	形容词	Adjective
N:	名词	Noun
VP:	动词短语	Verb Phrase
PN:	代词	Pronoun
DPR:	指示代词	Demonstrative Pronoun
PREP:	介词	Preposition
QW:	疑问词	Question Word
AV:	助动词	Auxiliary Verb
NU:	数词	Numeral
SV:	状态动词	Stative Verb
O:	宾语	Object
C/CONJ:	连词	Conjunction
ART.	冠词	Articles
P:	小品词	Particle
TM:	时间词	Time Word
CV:	等动词	Co-Verb
PW:	地点词	Place Word
V:	动词	Verb
EX:	感叹词	Exclamation
PH:	短语	Phrase
VO:	动宾	Verb Object
MW:	量词	Measure Word
NP:	名词短语	Noun Phrase